成为时间管理高手

高效能人士都在用的"神奇账本"

柳一一 著

图书在版编目(CIP)数据

成为时间管理高手：高效能人士都在用的"神奇账本" / 柳一一著.
—武汉：华中科技大学出版社，2024.2（2024.4重印）
ISBN 978-7-5772-0360-7

Ⅰ.①成… Ⅱ.①柳… Ⅲ.①时间－管理 Ⅳ.①C935

中国国家版本馆CIP数据核字(2024)第014961号

成为时间管理高手：高效能人士都在用的"神奇账本"　　　　　　柳一一　著
Chengwei Shijian Guanli Gaoshou：Gaoxiaoneng Renshi Douzai Yong de "Shenqi Zhangben"

策划编辑：饶　静	
责任编辑：田金麟	
封面设计：琥珀视觉	
责任校对：刘小雨	
责任监印：朱　玢	
出版发行：华中科技大学出版社（中国·武汉）	电话：(027)81321913
武汉市东湖新技术开发区华工科技园	邮编：430223
录　　排：孙雅丽	
印　　刷：湖北新华印务有限公司	
开　　本：880mm×1230mm　1/32	
印　　张：6.625	
字　　数：143千字	
版　　次：2024年4月第1版第2次印刷	
定　　价：59.80元	

本书若有印装质量问题，请向出版社营销中心调换
全国免费服务热线：400-16679-118　竭诚为您服务
版权所有　侵权必究

序

学会科学管理时间，成为"时间的富人"

大部分人都是"时间的穷人"

我们几乎每天都处于忙碌状态，基本上周末、节假日也没有完整的休息时间，随时可能需要加班。

我们感觉自己就像一部机器，每天执行各种指令，马不停蹄地高速运转。这种紧迫感，带来了巨大的时间压力。

你会发现，自己想做的事情，好像永远没时间做，比如，读书、运动健身、出门旅行，计划了几年，仍然停留在想象阶段。焦虑感与日俱增。可怕的是，越焦虑，越感觉时间紧迫。

如何才能走出"时间贫困"的窘境？答案是，学会科学管理时间。

乍听起来，这个答案有点匪夷所思。但是细想一下，你就会发现的确如此。

为什么很多人时间不够用？当然和工作时间比较长有关。但是，这并非决定性因素。因为有些人和我们工作时长一样，他们却游刃有余，除了完成工作任务外，还有时间享受生活。他们读书、健身、满世界旅行。

根源在于，管理时间的方式不同。如果你总是被动管理时间，时间就永远不够用。如果你能学会主动管理时间，统筹安排好各项事情，会发现时间很富余，你甚至可以过上"游刃有余"的生活。

那为什么很多人不愿意管理时间呢？这是因为，很多人认为时间不可管理。在学习科学管理时间之前，我们必须消除这种认知误区。

认知误区：时间不可管理

曾经，我固执地认为，所谓的时间管理，不过是一个伪概念。因为时间不增不减，是一个客观存在，怎么可能被管理呢？我们所能做的，是管理好自己。

正是这样的认知，导致我的时间使用效率比较低。各种计划不断泡汤，或者即使完成，质量也不高。整个人持续处于焦虑状态，总感觉时间不够用，却又无从下手。

直至开始记录自己的时间账单，进行科学的时间管理，我才从焦虑中解脱出来。

原来，我一直都误解了时间管理的作用。我以为时间管理是一个伪概念。而事实是，在近六年的科学管理时间后，我高效地完成了不少事，阅读了600多本书、创作了150多万字。我创作的听书稿，在得到、中信书院等各大网络平台上架；创作的新媒体文章，被人民日报、共青团中央的微信公众号平台转载，多篇文章全网阅读量超过了千万。2021年，我启动了每周3—5次的健身活动。到目前为止，累计健身时间已逾300个小时。

遗憾的是，仍然有很多人坚持认为"时间不可管理"。我曾经发过一条朋友圈，说自己即将打磨一本时间管理的书籍。有读者留言问："你认为时间可以管理吗？"还有一些朋友直接和我说："时间根本不可能管理，你为什么要出这种书？"

他们认为，任何人都无法管理时间。每个人理由不同，我总结了三个主要的理由。

第一个理由：时间是刚性的，不管怎么管理，时间既不会变多，也不会变少。所以，时间管理没有任何价值。

第二个理由：自己每天上班，可支配的自由时间极其有限，谈时间管理不是开玩笑吗？

第三个理由：时间管理的本质是管理自己，根本不用去管理时间，管理好自己就足够了。

先来说第一个理由为什么不成立。时间确实是刚性的，我们每个人每天的总时间都是24个小时。但是，每个人的有效时间总量却是天差地别。有些人一天可能只有一两个小时的有效时间，有些人可能有三四个小时，或者更多。

不同的人之间的有效时间的差异，主要取决于是否有意识地对时间进行管理。当你开始管理后，你会谨慎地使用时间，减少浪费，有效时间自然就会增多。

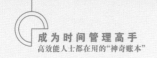

第二个理由也不成立,因为可支配时间少并不妨碍对时间进行管理。你完全可以根据自己精力、认知、情绪的周期性变化,对时间进行科学合理的安排。你的工作效率会更高,生活质量也会更高。

第三个理由,认为时间管理的本质是管理自己。这句话忽视了一个更重要的事实,能管理好自己不等于能管理好时间。二者之间不能画等号。而且,什么是管理自己?这个概念本身就很模糊。我们很难有一个具体的衡量标准判断自己是否完成了"自我管理"。所以,不要再被这个理念误导了。

真实的逻辑更可能是,学会科学管理时间,我们必然也就能够管理好自己。

科学的时间管理,是一个系统工程

很多人认为,时间管理必须使用非常专业的工具,比如,买一本时间管理笔记本,或者用一个专业的时间管理App。甚至有不少人认为,时间管理=用工具管理时间。

我不否认工具的价值,好的工具会让我们事半功倍。但是,工具仅仅是时间管理上的"术"。我们不能只重视"术",而忘记"道"。

我最开始进行时间管理时,工具是一个普通本子,但这并不妨碍我执行自己的时间管理计划。后来我开始用幕布文档App记录时间账单,它也只是一个简单的工具。我已连续记录时间账单超过五年。而有些人用着功能非常齐全的工具,却总是没过几天就放弃了。所以，不要执迷于工具的选择，这并不是决定性因素。

假如你已经有了很好用的笔记本、App，用就对了。如果还没找到，不要在寻找工具上花费过多时间，这会影响你的执行力。你需要先启动，再完善。

另外，你要把更多精力放在"道"上。

什么是时间管理的"道"？时间管理的"道"，是要认识到时间管理是一个系统工程。

时间管理既包括对时间本身的管理，也包括对障碍的清除，比如，打败拖延症、消灭坏习惯。另外，还包括我们对自己精力、情绪、心理能量的管理，这些都是支撑你的后台能量。如果后台能量匮乏，再高超的管理术也无法支撑你坚持太久。除此之外，还包括你对大尺度时间的管理，比如，一年、三年、五年。对大尺度时间的规划能力，决定了你的人生走向。

做好系统工程，我们才有可能真正完成对时间的科学管理。

科学管理时间，能让你不断突破自我

从2008年大学毕业到2016年，我没有完整地读过一本书，没有创作过一篇完整的文章，也没有成功地完成过任何计划。

2016年，我开始进行简单版的时间管理后，在孕期中的我，阅读了50多本书，之后，我养成了写作习惯，半年多创作了10万字。

2019年起，我启动了精细化的时间管理，完成了真正意义

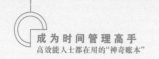

上的自我重塑。除了之前提到的阅读、创作和运动成绩外,还成为大锤老师的合伙人,已累计帮带800多名学员学习阅读和写作。

在此期间,我的生活发生了重大变化。2017年,儿子出生了。我度过了手忙脚乱的新手妈妈期和漫长的哺乳期。

2021年,我再次回到职场。律师工作繁忙,经常加班、出差,可支配的自由时间大幅缩水。

无论是生孩子、带孩子,还是重归职场,都没有影响我持续推进自己的人生计划。

这些,都得益于我的时间管理能力。

几年中,我实现了一次又一次的自我突破。从每天玩手机,到年阅读量突破50本、100本书;从提笔困难,到能流畅自如地完成一篇又一篇的长文;从每天能躺不坐、能坐不站的懒散状态,到每周运动3—5个小时……

学会科学管理时间,我们才能突破"过去自我"的束缚,实现各种"可能的自我",才能成为自己人生的真正创作者。

科学管理时间的终极目标,是获得真正的自由

有很多人认为,一旦开启时间管理,条条框框的烦琐规则会让自己丧失自由。人生失去自由,还有什么意义呢?

之所以产生这样的观点,是因为误解了自由的含义。很多人认为自由是不受任何约束,是不在任何规则框架内行事。所以,他们会觉得时间管理会剥夺一个人的自由。

到底什么才是真正的自由？刘玮老师说："自由是行动者的一种特殊能力，一种通过观察和思考自己的处境，自觉、自愿、自主地做出决定和行为的能力。"

有没有自由的关键，在于自己有没有选择的能力。

如果在框架内行事，是出于你的内心选择，是你自愿要这么去做，那你并没有丧失自由。如果你是被迫的，并不是出于自主意愿，那你肯定会感觉自己失去了自由。

如果你想管理好自己的时间，却又认为规则会剥夺你的自由，那么，请你先修改大脑中关于自由的定义。对自由有了正确的认识，就不会再排斥规则。

事实上，没有限制的自由，是虚假的自由。不付出，只享受自由，自由最终一定会消失。比如说，一个人从来不规划自己的时间，总是想做什么就做什么，从来不愿意节制自己，沉迷于刷抖音、玩游戏。几年后，TA的时间被浪费，无法创造更多价值，收入不升反降，想买房子却始终买不起。此时，何谈自由？

当启动时间管理后，你会在有限的时间里创造出更多的价值。未来，你将拥有更大的选择权。

科学的时间管理方式，是自由的保护伞，而非剥夺者。这就是我们常说的"自律通向自由"。

这本书将从认知重塑、发现时间、核心工具、障碍清除、科学行动和长期蓄力这六大模块，为你搭建一个科学的时间管理系统。

最后，希望这本书能帮你学会科学管理时间。如果你已是时间管理的高手，希望这本书能带给你新的启发。

请相信我，一旦你学会科学管理时间，你将成为"时间的富人"，并获得真正的自由。

目 录
CONTENTS

第一章 认知重塑
改变底层观念,是科学管理时间的基础

1. 一个人的时间观,决定了对待时间的态度　　2
2. 掌握内在节奏,启动科学管理时间的第一步　　14

第二章 发现时间
学会"发现"时间,成为"时间富人"

1. 设定过滤机制,主动"看见"零散时间　　26
2. 减少隐形损耗,你的时间其实并不少　　36
3. 关注"暗时间",让你的时间比别人多10倍　　43
4. 创造余闲,做时间的掌控者　　49

第三章 核心工具
记录时间开销,形成你的时间系统

1. 制作每日账单,快速进入深度工作状态　　60
2. 制作每周账单,提升统筹安排能力　　70
3. 制作月账单,轻轻松松养成好习惯　　78

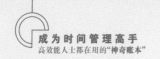

    4. 制作年度账单，彻底改变你的生命体验　　84

    5. 形成账单系统，做自己人生的设计师　　92

第四章　障碍清除
赶走"拦路虎"，让你的时间效能最大化

    1. 掌控注意力的关键，是先清空你的大脑　　100

    2. 所谓拖延症，可能只是方法问题　　113

    3. 消灭坏习惯，别让坏习惯毁掉你的时间规划　　126

第五章　科学行动
学会科学行动，让时间账单发挥最大效能

    1. 打造巅峰体验，重塑你的行动力　　138

    2. 制定具体有效的执行计划，助你拥有超强行动力　　147

    3. 塑造持续力，让你真正做成一件事　　157

第六章　长期蓄力
学会储备能量，为时间账单系统持续供能

    1. 提升"睡商"，让精力"取之不尽"　　170

    2. 学会科学休息，保持巅峰　　177

    3. 主动创造积极体验，储备充足内在能量　　188

后记　　199

第一章　认知重塑

——
改变底层观念，
是科学管理时间的基础

1. 一个人的时间观,决定了对待时间的态度

人与人对待时间的方式差别非常大。

有些人把时间视若珍宝,希望每一分钟都用在刀刃上;有些人则认为时间无关紧要,总是肆意挥霍,将其花费在刷视频、逛购物网站、打游戏上……

到底什么原因导致了如此巨大的差异?我们习惯把根本原因归结到自控力上。再往深处剖析,为什么人与人之间,自控力的差别会如此之大?标准答案是,既有先天原因,也有后天原因。

分析到这里,你会发现,问题依然处于待解决的状态。没有人能在短时间内让自己变成自控力达人。

其实,长久以来我们始终在用"单一视角"分析这个问题。一定是自控力导致的根本差异吗?

心理学家津巴多认为,人与人对待时间的态度之所以截然不同,其实是由于时间观不同。

时间观,是指人们对时间形成的一种整体性观念。时间可以划分为三种状态:过去、现在和未来。科学的时间观,是指能够用一种平衡的视角对待这三种状态的时间。对于过去,我们懂得宽恕与放下;对于现在,我们懂得投入与适度享受;对于未来,我们懂得展望与规划。

遗憾的是，尽管我们每个人每时每刻都在消费时间，却鲜少有人注意到自己的消费方式，更少有人注意自己对时间持有何种观念。不过，只要能够意识到自己是何种时间观，我们就可以改变，主动构建更加科学的观念。接下来，我们来一步一步重新构建自己的时间观。

为什么时间观会决定我们对待时间的态度？

为什么时间观能够决定一个人对待时间的方式？

我们不妨从反面来思考。假如一个人拥有错误的时间观，会发生什么事情？

先来说用错误的时间观对待过去，会给我们的人生带来什么样的影响。对待过去，不外乎两种态度：一种是深陷于过去的伤痛，认为正是这些不幸毁了自己的人生；另外一种是对过去过度留恋，认为过去是自己再也难以企及的高峰。

前一种观念，会让我们时刻活在负能量之中，整日郁郁寡欢，难以投入到当下；后一种观念，会让我们人生定格在过去，根本提不起兴趣经营当下。无论前者还是后者，都会导致当下的时间白白流逝。

关于现在，最常见的错误观念是对享乐的过度关注。持有这种观念的人，他们的人生只有此时此刻，没有未来。另外一种常见的错误观念是"宿命论"，认为人生的一切早已是冥冥之中决定好的,自己只能接受既定的人生脚本。

过度关注享受,会让我们今朝有酒今朝醉;而认为自己对人生无能为力,则会让我们变得消极被动。这两种关于现在的错误观念,都会导致我们对未来缺乏规划,听凭本能的支配得过且过。

关于未来,最常见的一种观念陷阱,是始终认为未来更重要。他们甚至会彻底忽视当下。比如,为了升职,把所有时间都投入工作中,鲜少有休息时间,也彻底忽视了家人。

假如我们无法用一种平衡的视角对待这三种状态的时间,任由其中一种状态的时间占据绝对主导地位,我们的时间管理必然会发生偏离,或变成过去时光的囚徒,或成为执着于当下的享乐者,或沦为未来的奴隶。

那么,如何才能发展出科学的时间观?这需要我们正确认识过去、现在和未来。

走出对过去的迷恋

过去的人、过去的事、居住过的小城……有没有什么,让你留恋至今?

记得大学毕业后,曾有一段时间,身边朋友们经常聊起初恋。大家一致认为,此生再也难以拥有如此纯洁美好的感情。

初恋时光果真这么美好吗?其实也未必。只不过我们的记忆,最擅长编故事。

2002年，哈佛商学院进行了一项关于记忆的研究。在第一次实验中，小时候去过迪士尼乐园的受试者阅读了一份广告。广告暗示这些受试者，他们小时候在迪士尼乐园曾和米老鼠握过手。第二次实验中，受试者同样是先阅读广告。不过这次广告发生了变化，改为暗示他们小时候和兔八哥握过手。在第一次实验中，阅读广告后的受试者，远比没有阅读过的人，更加确信自己和米老鼠握过手。第二次实验也是同样的效果，出现更多的受试者确信自己和兔八哥握手了。

迪士尼乐园的经历是真实的。与米老鼠和兔八哥握手的经历却是后来添加的"料"。在你真实的记忆中插入一点虚假的料，你的真实记忆就可能被污染。研究发现，如果给一个人看某些地点的照片，1—2周后，他们会误以为自己真的去过这些地方。

人的记忆经常在不知不觉中被修改，甚至被直接重构。我们所拥有的记忆，远远没有我们想象中那么真实可靠。真真假假掺杂在一起，才是记忆的真相。

另外，我们对往事的语言描述，也会改变自己的记忆。

研究人员把这种现象称作"语词遮蔽效应"。当你用具体的语言描述一件事情时，会减弱你对这件事情的真实印象。比如，当你用语言描述完某次旅行、晚宴等场景后，关于旅行或晚宴的实际记忆会变差。因为我们的语言描述，与亲身体验之间会存在一定的差异。一旦你用语言描述了那些场景，大脑就会以语言描述为标准来存储这段记忆。其中鲜活的细节、更微观的真实感

受,将被我们逐渐遗忘。

如果在使用语言时出现重大误差,那这段记忆被改编的程度会更严重。

我们每个人都是自己记忆的编剧。

在时间的流逝中,我们会不知不觉地给记忆加入各种佐料。然后,再按照加料后的新记忆讲述给亲朋好友。我们所使用的语言,会让新记忆变得更加真实可信。经过一次又一次地改编,最终诞生了全新的回忆。

当你陷入对往事的过度留恋,以至于影响现在的生活时,很大概率是因为你早已把记忆修改成了内心期待的版本。

如何才能从对过去的迷恋中解脱出来?首先,我们要牢记记忆是不可靠的。我们每个人都是记忆的编剧。所以,我们所迷恋的过去,很可能是自己不经意间创作的动人故事。

另外,我们可以假设自己是一个旁观者,或者说假设这些事情发生在朋友身上,自己会如何评价?这种做法会帮助你回归理性。因为我们在看待别人时,往往能站在更为客观、中立的立场。

这是塑造科学时间观的第一步:学会走出对过去的迷恋。不陷入往事,才能抬头走路。

放下对过去的悔恨，关注当下的具体行动

过去发生的某些事情，会让你始终耿耿于怀吗？

几年前，在很长一段时间里，我对现状极其不满。不满的根源，可以追溯到从高考到大学毕业后我自己做的种种选择上。

在人生的重要节点上，我一直在重复做错误选择。

比方说，高考随意填选学校和专业。对考取的大学不满，却又不愿意再复读一年。毕业后，明明有一次更换学校的机会，却懒得考研。及至工作，也是毫无规划，做各种让自己后来痛心疾首的选择。

假如在关键节点上，哪怕只是做对过一次选择，现状都会好上数倍。

事实真的如此吗？丹尼尔·卡尼曼在《思考，快与慢》中讲述了一个定律：大数法则。

生活中，有很多事情看似是随机发生的小概率事件。如果时空尺度拉大，你会发现，随机事件看似随机，其实背后会呈现出一定的规律。看似随机，是因为我们只看一个又一个的单独事件。这些都是小样本。当样本量足够大时，规律便会显现。

比如，掷硬币五次，可能有四次都是正面朝上，甚至五次均为正面朝上。当投掷次数改为一千、一万次呢？正面朝上的概率，会变为稳定的50%左右。

大数法则和人生有什么关系？

假如此时人生已到结尾，回首往事，很多人都会错以为自己的人生，是被某些选择、某些特殊事件塑造的。

单个选择或者事件，的确会对人生走向有至关重要的影响。但是，绝对不会成为塑造人生的终极因素。

我曾多次进行新的推演。如果我当年上的大学是某所心仪学校，是否我的人生从此截然不同？答案是否定的。

大学时，我只有大一时期认真学习。之后，便沉迷于各种小游戏以及偶像剧。那时感觉自己终于获得自由了，头顶上没了达摩克利斯之剑，我开始肆无忌惮地挥霍时间。即使换所学校，同样的思维方式、同样的行动模式，日积月累，结果也不会相差太远。

我们总以为单个事件、选择，重要到无与伦比。事实却是，无数的小行动、小事件，最终汇聚成了人生的大图景。

时间尺度拉大，我们才有机会看到真相。

我们真正要做的，是改变现在的具体小行动。而改变具体小行动则需要每天多做高价值的事情。

我们可以将事情分为正价值、负价值这两个维度。正价值，是指能为你带来巨大收益的事情，比方说每天阅读、写成长日记、冥想、健身等等。而且，这些事情会有累积效应，时间越长，价值越高。有些事情不只没有价值，还会给你带来负面影响。比方说，每天长时间刷无营养的视频，经常吃过量的垃圾食品，在网上和人争辩不休等，这些可以统称为负价值的事情。

无数正价值的小行动，将助你扶摇直上。

这是塑造科学时间观的第二步：学会放下对过去的悔恨，关注现在的小行动。过去种种，譬如朝露，根本不会决定你我的最终命运。真正重要的，是当下，是此时的具体行动。

科普作家艾伦·柏狄克在《时间的质量》里写道："当我们开心的时候，时间并没有加速飞逝。只是当欢乐的时光结束后，才会感到令人扼腕的短暂。"因为我们对时间的感知，在经历的那些瞬间会按下暂停键，时间被暂时遗忘。其实，"时间飞逝"不过是一种感知幻觉。当我们付出具体行动，认真地过好每一天时，那些鲜活的细节会让我们对时间的感知方式再次切换为"慢镜头"。人生数载，并非尔尔，生命竟如此厚重。

学会关注未来，拒绝成为"享乐者"与"宿命者"

接下来，我们来了解关于现在的错误时间观以及如何重建。

心理学家津巴多团队做了一项研究，目的是对比34名海洛因成瘾者和59名非毒品使用者的时间观。对比后发现，34名成瘾者在享乐主义和宿命主义上的得分，显著高于59名非毒品使用者。另外，成瘾者在对未来的关注度上也得了低分。

以享乐为核心目标，或者固执地认为人生早已写好了结局的"宿命者"，这两种态度均将"放弃未来"作为默认设置。

如果我们能够唤醒自己对未来的关注，则有可能改变对现在的态度。

想要唤醒对未来的关注，第一种方法：我们可以采用未来干

预法，让未来的自己和现在的自己产生联系。

我们先来看一项研究。美国一家公司做了一套工具，能让客户看到未来的自己。客户输入自己的年龄、收入、储蓄习惯、储蓄数额、退休目标等信息，这套工具就会展示客户在未来的实际财务状况，以及生活方式。

美国一个银行还推出了直面退休的应用程序。这套程序更进一步，客户上传自己的照片后，能够看到未来自己的具体形象，甚至每一条皱纹。

在这项研究中，人们需要按要求把1000美元分配到各种用途的账户中。其中一组可以看到未来的自己，而另一组则没有看到。没有看到未来自己的一组，只愿意每个月给养老账户分配73.9美元。看到未来自己的那一组，分配金额增加到了178.1美元，后一组数额是前一组的两倍多。

当我们能和未来的自己产生真实的关联时，我们就更愿意做出对未来有益的决策。

罗振宇在一期《启发俱乐部》中提到，某天，在办公室，冯雪给他推演了未来几十年会发生在他本人身上的事情：心血管全面恶化、中风、手脚溃烂、视力严重下降，还有很大可能会肾功能衰竭，需要长期做透析。本来罗振宇并没有把自己的高血糖当一回事儿，听完之后，他瘫坐在椅子上。之后，罗振宇开始运动、调整饮食，减重30斤。

很多时候，我们之所以对未来毫不在意，其中很重要的一个原因是我们根本不知道未来长什么样子。当未来的画面变得真实可见时，我们会主动做出更长远的决策。

想要唤醒对未来的关注，第二种方法：大胆想象未来的美好图景。

面对未来，一定要始终保持大胆的想象力。当然，这种想象力，不是让我们天马行空地乱想一通。而是，从此时此景出发的同时，看到自己的潜力、未来的某种可能性。更重要的是，能够脚踏实地地付诸具体的行动。

最好用的一个思维模型，是"终局思维"。你先把未来的样子勾画出整体框架，最好是写下来，或者是画出来，可视化后的未来会更有真实感。然后再回溯当下，思考要怎样做，才能让想象成为现实。

举个例子，如果你期待未来的自己变得更加健康、强壮。那么，此时的你便应该定期运动。当你因为运动变得更强健后，你会坚定一个信念，自己才是自己人生的唯一作者。

这是塑造科学时间观的第三步：学会关注未来，拒绝成为即时享乐者，或宿命者。

拓展人生广度，世界其实很大

不过，对于未来，我们需要警惕过度关注。

如果对未来过度关注，极易爆发"时间危机"。我们将日程安排得满满当当，每天处于奔波忙碌之中，但仍然觉得时间根本不够用,事情根本做不完。几乎每时每刻,我们都处于巨大的时间压力之下。

时间压力过大,会产生什么影响?

来看一个著名的实验。心理学家约翰·达利和丹尼尔·巴特森做了一项实验,要求神学院的学生们做一个布道演讲,主题是"好撒玛利亚人",也就是好心人的意思。导师会评估演讲情况。在学生们完成演讲的准备工作后,其中一组学生会收到一则通知,提醒他们已经迟到了,必须马上去演讲厅。另外一组学生收到的通知,是告诉他们还有充裕的时间。

当这两组学生从教室出发前往演讲厅时,路上都会遇到倒在地上的病人,不停地咳嗽。这时,差别出现了,知道自己时间充裕的学生,大部分都会停下来帮助这位病倒的陌生人。而得知自己已经迟到的学生,只有10%,会停下来提供帮助。

这两组学生的演讲主题一致,都是关于"好心人"。他们的主观意愿没有差异,都想做"好心人"。但是,两组的行为出现了分化。他们之间唯一的差别,在于时间压力的不同。没有时间压力的学生,会更乐意做一个好心人;时间压力大的学生,则很可能选择与主观意愿背道而驰的行动。

时间压力过大,我们会把几乎全部精力都投入时间争夺赛之中,关注范围变得异常狭窄。帮助他人、享受生活、提升当下的生活质量等,都不再是我们的关注点。此时,我们早已变成时间的奴隶。

避免成为时间奴隶的最佳方法,是拓展人生的广度。除了工作，我们还应该关注生活本身的质量，关注夫妻关系、亲子关系、友情，关注社会福祉等。关注点可以从自我延伸到他人，再到整个社会。

一段时间后，我们会发生明显的改变，不再只专注于未来，而是学会了积极享受当下的生活。

这是塑造科学时间观的第四步：拓展人生广度，让自己的世界变得更大之后，我们的人生会更有意义。

过去、现在和未来，永远是一个连贯的整体。我们正在经历的现在，马上会成为过去的一部分；不远处的未来，会慢慢成为现在，再演变为过去。

科学的时间观，必须是对过去、现在和未来都能给予适度的关注。任何一种状态的时间，都不应成为绝对的统治者。一旦超过限度，我们的时间管理便会崩盘。

只活在过去，会让我们无法思考未来，无力关注现在。只活在现在，会让我们失去自控力，以享乐为终极目标；只活在未来，我们便无法体验到现在的真实快乐。

时间管理的终极目标，是让我们拥有一个更积极、更自由的人生。面对过去，坦然释怀；当下此刻，躬身入局；关于未来，心怀期待。

终极目标的实现，以科学的时间观为基础。所以，在谈具体的时间管理之前，我们必须先重新塑造自己的时间观。

完成时间观的重塑，我们即将打开一个全新的进度条。

2. 掌握内在节奏，启动科学管理时间的第一步

时间管理专家博恩·崔西提倡："每天早上醒来先吃掉一只活的青蛙。"青蛙指的是最艰巨、最重要的任务。这是一种风靡全球的时间管理方法，要求我们及早处理完最重要的事情，因为这些可能只需占用20%时间来处理的事情，将对我们产生80%的影响。

这种方法为我们勾勒的美好前景是"只要每天能吃掉那只青蛙，我们就会成为成功人士"。这个逻辑本身没有问题，如果每天都能完成最重要的事情，我们的确可以取得不俗的成绩。

但问题在于，它忽略了我们每个人身体的不同内在节奏。早上醒来，有些人昏昏欲睡，有些人精神百倍。对能量充足的人来说，确实适合在早上吃掉那只青蛙；对能量不足的人来说，在早上吃掉青蛙或许是永远不可能完成的任务。

科学的时间管理，必须立足于个体独特的内在节奏。内在节奏不同，个人精力的巅峰期、低谷期会截然不同，处理任务的时机和效果也会完全不同。忽视内在节奏，非要拧巴着来，势必会导致时间管理的失败。

时间类型

内在节奏,首先和一个人的时间类型有很大关系。

时间类型,指的是一个人昼夜节律的模式。不同的人,会有不同的"时间类型"。

科学家把不同的昼夜节律模式形象化地分成了三种类型:云雀型、猫头鹰型和第三种鸟型。云雀型,指的是早睡早起型;猫头鹰型相反,会晚睡晚起;第三种鸟型,他们居于这两者之间,没那么早睡早起,也没那么晚睡晚起。

对于云雀型和猫头鹰型的人来说,每天的整体状态都会经历巅峰期、低谷期以及反弹期。如果你是云雀型,你的巅峰期将是一天中的清晨。对于猫头鹰型的人来说,晚上则是脑力、体力的巅峰期。时间类型是第三种鸟型的人,他们在早晚时分,体力和脑力都不会表现出明显的巅峰或者低谷。

怎么判断自己属于哪种类型呢?你可以通过自己睡眠时间的中间点是几点来大致确定。

睡眠的中间点在凌晨3点以前,属于云雀型。比如,一个人每晚大概11点入睡,早上6点起床,睡眠中间点是凌晨2点,属于云雀型。

如果睡眠的中间点在凌晨3点至6点之间,则属于第三种鸟型。如果睡眠中间点在早上6点以后,属于猫头鹰型。

不过要注意的一个问题是,尽管按照睡眠中间点你属于某一类型,但实际上可能并非如此。拿我来说,大部分时候都是晚上10点左右入睡,早上6点至7点之间起床,看起来是云雀型。但是起床后我的精力很差,情绪状态、认知能力都处于一天中的低谷。我的作息时间是因为上班而被迫保持的。通常到了周末,我会在晚上12点至1点之间入睡,早上9点至10点之间起床。所以,我实际的类型更接近猫头鹰型,精力的巅峰期在晚上。

因此,在确定自己属于哪种时间类型时,要注意结合整体状态来判断。

另外,随着年龄的变化,人的时间类型也会发生变化。在童年时代,大部分小孩都是云雀型,早睡早起;青少年时期,很多人会变成猫头鹰型,晚睡晚起;到了中老年期,很多人又会再次变回云雀型。

相信现在你已经知道自己属于哪种时间类型了,时间类型决定了我们一天中认知、情绪、精力的基础状态。接着,我们来了解认知水平在一天中的起伏变化。

认知水平的变化

我们习惯认为自己的认知水平是一个恒定的值,不会出现严重的起伏波动。

而事实是，在一天中不同的时间段，我们的认知水平会发生明显的变化，且变化远远比我们想象得更为明显。

认知水平为什么会发生变化？

首先，认知水平和人的注意力资源有关。

当我们的注意力资源被锁定在特定的一些事情上时，对其他事情就会表现出较低的认知水平。

在稀缺状态下，人的注意力资源最容易被锁定。比如，当你节食时，对食物的渴望会让你在大部分时间内把注意力资源投放在食物上，而忽略其他值得注意的事物。

其次，认知水平和人的时间类型有关。

猫头鹰型的人，认知低谷期在早上；云雀型的人，认知低谷期在晚上。不过，不管什么时间类型的人，从醒来的时刻起计算，7个小时后，都会再次迎来一次低谷期。

好消息是认知水平高低主要影响分析型任务的完成。

认知科学家丹尼尔·卡尼曼设计了一个著名的琳达问题。

你觉得以下哪个判断更可能为真？

A：琳达是一名银行出纳员；

B：琳达是一名银行出纳员，积极的女权主义者。

你会选择哪个答案呢？正确答案是A。单一身份的琳达显然比双重身份的琳达更多、更普遍。大概率上来说，A更可能成立，而不是B。

研究发现，如果人们回答问题的时间段不同，正确率会有很大差别。早上，大部分人更可能给出正确的答案。

丹麦一项研究涉及了200多万名学生。研究人员分析了他们在不同时间段考试成绩的差异。普遍而言，早上的成绩会优于晚上的成绩。每晚考一个小时，成绩就会下降一点点，直到晚上跌到最低点。

以上提到的"琳达问题"和研究涉及的任务，都属于分析型任务。对于云雀型和第三种鸟型的人来说，早上会更擅长解决这类分析型任务，而猫头鹰型解决分析型任务的最佳时间点就得挪到晚上了。

如果将任务类型切换为创造型任务，比如，设计广告创意，人们状态最佳时间正好和分析型任务相反。对云雀型和第三种鸟型来说，最佳时间段是晚上；对猫头鹰型来说，最佳时间段是早上。

创造型任务要求大脑能够产生意想不到的新奇联结。而在认知水平巅峰期，大脑会非常重视逻辑和常规思维，这就导致很难产生有创意的思想。反之，当我们进入认知水平的低谷期时，大脑开始漫游，进入发散模式，会放松警惕，不再过多关注寻常的逻辑和规律，此时，我们很容易打破常规，迸发出新奇有趣的想法。

情绪周期的变化

除了认知水平，还有一个影响效率和成果的隐性因素：

第一章　认知重塑　改变底层观念，是科学管理时间的基础

情绪。

很多人会忽略情绪对我们的影响。实际情况是，当情绪不佳时，不管时间安排得多么合理，我们都会出现各种意外，或者什么也不想做，或者频频走神，效率极低，事情做得一塌糊涂。

是不是只要调整情绪就可以解决问题了？事情可没这么简单。如果你留心观察过自己的状态，可能已经意识到了，在一些时刻，不管你用什么样的调整技巧，低迷的情绪都不会发生任何变化。

这是因为情绪有周期性。

在一天中，情绪会随着昼夜节律变化。高峰和低谷的时间点，与个人的类型相关。对云雀型和第三种鸟型的人而言，早上醒来，新的一天开始了，我们会心情愉悦。随着时间的推移，心情会越来越差。尤其是中午，也就是醒来后的第7个小时，情绪会跌到最低点。对猫头鹰型的人，情绪最好的时刻，是得到充分休息后醒来的上午，甚至中午。

对大部分上班族来说，一周中，情绪也会有规律性的变化。周一，我们的情绪状态最佳。周二到周四，正面情绪逐渐下降，负面情绪逐渐增多。到周五，负面情绪又开始变少。因为马上要过周末了。如果碰到加班，周五那天的负面情绪还会继续飙升。

情绪在一天中、一周内，都呈现出了规律性的变化。在以月为单位的更大周期内，情绪同样也表现出了规律性的变化。

20世纪初，德国内科医生威尔赫姆·弗里斯和奥地利心理

学家赫尔曼·斯瓦波达通过长期的临床观察发现,人的情绪以28天为周期产生波动。

在整个周期,我们会经历四个阶段:临界期、高潮期、临界期、低潮期。在高潮期,我们的情绪状态会特别好,心情愉悦,能量满满。在低潮期,我们的情绪状态会跌入低谷,最严重的时候,可能会"看什么都不爽"。高潮期和低潮期,都是14天左右。

两个临界期,即高潮期和低潮期互相转换的时间段。第一个临界期,指的是从低潮期进入高潮期,低潮期的最后一天和高潮期的第一天,这两天都属于临界期。第二个临界期,指的是从高潮期转入低潮期,高潮期的最后一天和低潮期的第一天,这两天属于第二个临界期。

并非每个人的情绪周期都是28天。比如,有人的周期可能是30天,有人的周期可能只有26天。我们可以记录自己的周期长度,以便了解自己的情绪变化规律。

一天、一周、一个月,在这三个长短不同的周期里,情绪都会呈现出一些规律性的特征。

在深入了解自己情绪周期的基础上,有针对性地安排时间,我们便可以事半功倍。

具体的操作方法

在不同的时间点上,我们需要根据自己的时间类型、认知水平的变化和情绪周期,更好地安排任务类型。

首先鉴别任务种类,再遵循内在节奏进行安排。

你平常的任务类型主要有哪些呢?我把自己的主要任务分成了三种:分析型任务、创造型任务和事务型任务。

分析型任务,是指需要启动逻辑思维完成的任务,比如,起草一份协议、分析某个案件的诉讼思路等。这些任务需要我们保持清醒的头脑,要注意力高度集中,才能高效率地完成。所以,我可以根据自己的时间类型,把这类任务放在一天中认知水平、情绪状态最好的时刻。

创造型任务,是指需要我们付出创造力的任务,比如,构思一篇文章、一个广告创意。这类任务在完成时并不需要保持高度的专注力,可以安排在认知水平高峰期除外的其他时间段去做,甚至是认知低谷期。

事务型任务，是指不需要付出太多脑力的任务，比如，处理邮件、打电话和一些流程性的工作等等。这些属于重复性比较高的任务类型，完成起来并不需要耗费太多的认知、情绪资源，可以安排在一天中的认知低谷期完成。

在安排这三类任务时，同时也要考虑我们的情绪周期。我们可以把最重要的分析型任务，安排在28天周期中的高潮期；创造型任务，安排在28天周期中的低潮期。如果在低潮期也有一些不得不完成的高难度的分析型任务，那就尽量安排在一天中认知水平最高、情绪状态也最好的时间段。

做完任务的基础分类，懂得顺应周期安排后，还需要再做细致的时间划分。最好固定一些时间段只做某类事。养成这种习惯，做这类事的效率会非常高。

因为我们的大脑是有记忆的，当我们习惯某个时间段做某件事后，启动成本会非常低，很快就可以进入最佳状态。

我的时间类型属于猫头鹰型。早上醒来，我经常会先花半个小时处理一些事务性工作，比如，回复客户、同事等"醒脑小任务"。完成后，会感觉认知能力逐渐提升。上午去律所后，开始做分析型任务，分析法律问题，或者写诉讼文书、法律意见书之类的具体文字。

中午的任务类型，主要是比较简单的分析型任务，比如看一本已经看过好几次的书，或者是一本非常简单的小书。这些书都不需要耗费太多脑力，可以迅速刷过去。

一天中的其他时间随时可能会有各种突发任务，不属于自由支配时间，所以每天中午我都会固定30分钟以上的阅读时间。如果中午有条件小憩片刻，醒来后我会加大阅读难度，读一些比较费脑力的书。

下午，最多可以做2个小时分析型任务，之后便是以创造型任务和事务型任务为主。每天的反思复盘、目标计划、外出办事，基本都在下午完成。

每周会有2—3天，划分出单独的创作时间。创作属于高度耗费认知资源的任务，基本都会在晚上11点之前完成。

我的时间自由度并不算高，往往需要随着客户的时间变动而做相应的安排。这导致时间管理的难度比较大。因为经常是"计划赶不上变化"。

如果你也属于这种情况，更加要注意的是，只要有一个固定的自主时间段，就一定要为这个时间段安排一些高价值的"例行公事"，比如，阅读、学习课程，或者写一些文章。这些"例行公事"，会带来很强的"确定感"。

尽管生活充满了不确定性，但我们仍然要想办法给自己增加一些确定感。日复一日，这些确定的"例行公事"，会为你建立安全边界，让你拥有踏实感，帮助你真正成事。

每个人都有自己的时间类型，可能是猫头鹰型或云雀型，也可能是第三种鸟型。你需要先确定自己的时间类型。接下来，了解自己认知水平的变化，以及情绪周期的长度和特点。

了解这些内在节奏，是学习科学管理时间之前要做的基础工作。时间管理,并不是划分时间段后随意塞满各种任务就可以了。你需要根据自己的内在节奏统筹安排。

遵循内在节奏,不只会让你效率翻倍,更重要的是,你不会再拧巴着来。你不必逼着自己早睡早起,不再强迫自己要早早"吃掉那只青蛙",也不会逼着自己在情绪低潮期完成大项目。

"庖丁为文惠君解牛,手之所解,肩之所倚,足之所履,膝之所踦,砉然响然,奏刀騞然,莫不中音",庖丁在杀牛的时候,每一个动作都合乎音律。庖丁之所以能进入这种游刃有余的境界,是因为庖丁在解牛时顺着牛天然的结构,按照牛的组织结构来完成解剖。

我们管理时间,既需要深入了解时间的特性,也需要对自己的特性了然于胸,顺应整个"道",方能游刃有余、天人合一。

第二章　发现时间

学会"发现"时间，
成为"时间富人"

1. 设定过滤机制，主动"看见"零散时间

很多人经常抱怨自己时间不够用。如果你细问一下，其实会发现他们拥有的时间并不少。

为什么会发生这种情况？明明实际拥有的时间还算充裕，却总感觉紧巴巴的，时常有"时间太少"的错觉？

我以前也有过相似的感觉。后来才意识到，这种奇怪的稀缺感，是因为我们大部分人看不到"零散时间"，更不会使用这些零散时间。

不信，我问你两个问题：假如现在有5分钟，你会用来做一件有意义的事情吗？如果只有1分钟，你又会做什么呢？

从这两个问题的答案，就能看出一个人是觉得自己时间充裕，还是时间稀少。如果愿意使用1分钟、5分钟这样的零散时间，你肯定会觉得时间够用。

不相信的话，大家可以统计一下自己每天的零散时间有多少。我曾做过统计，1分钟至15分钟这样的零散时间，一天加起来至少也有90分钟以上。

有一些书，我完全是用零散时间读完的。一次可能读5分钟左右，一本书10—20天可以读完。

甚至有一些文章，我也是用零散时间写完的，每次大概写5分钟左右，能够写300—400字。一周的零散时间，就足以完成一篇3000字左右的文章。

如果能把零散时间好好地用起来，你就不会再有时间稀缺的苦恼了。

零散时间，积少成多，足够我们做成任何一件大事。

设定过滤机制，主动"看见"零散时间

很多人之所以感觉时间不够用，完全就是因为从来没把零散时间放在注意力的关注范围内。

他们觉得零散时间没什么价值，随便刷刷手机，看看抖音，时间就唰的一下没有了。日复一日，浪费掉的零散时间不计其数。然而，他们却浑然不觉。等到需要真正做事时，才发现根本没什么时间了。

所以，如果你想让时间变得充裕起来，最先要做的一件事情，就是主动设定自己注意力的过滤机制。你要把注意力投放在对零散时间的关注上，明确看见自己手头拥有的1分钟、2分钟、5分钟、10分钟等这样的零散时间。当零散时间出现时，你能够第一时间觉察到：现在又有时间了。

主动控制好你的注意力，实实在在地看到零散时间，你才会越来越明白零散时间的价值。

如果没有使用零散时间的习惯，建议你在最开始的一个月

里，每天在注意到零散时间后，都提醒一下自己："现在是零散时间。"或者，用纸质笔记本制作你的时间账单（关于时间账单的制作方法，在后面的章节里会详细说明），在零散时间部分贴一张贴纸作为提示。

一段时间后，对零散时间的关注便会彻底自动化。

这么一来，"视而不见"现象会越来越少，你的时间就多起来了。

了解自己的效率周期

我们的时间类型和注意力变化，影响着我们的效率周期。在不同的时间段，你做事的效率可能会天差地别。学会重视零散时间后，你还需要根据自己的效率周期，安排不同时段的零散时间里做哪类事情。

先确认自己属于哪一种时间类型，然后根据时间类型安排。假如你属于猫头鹰型，在晚上的零散时间里，你就可以做一些有难度的事情，比如，读10分钟"烧脑"书，写10分钟文章。

另外，不管你是什么时间类型，从醒来的时刻起计算，7个小时后，都会迎来脑力的低谷期。你会有比较严重的倦怠感。

在这个时间段，如果有零散时间，你可以考虑打个盹，做一些"微运动"，或者来个冥想等。

来谈一下注意力的"倒U曲线"。心理学家帕拉迪诺依据刺激水平和注意力的关系，画出了倒U曲线，也叫注意力曲线，是说一个人的注意力和刺激水平呈现倒U形。（注意力曲线图查看第103页）刺激水平低，注意力也差。随着刺激增加，注意力水平逐渐提升。增加到某一个点，注意力水平达到最佳状态。刺激继续增加，注意力开始变差。

当刺激程度适中时，你的注意力会高度集中，记忆力、学习能力也会达到巅峰状态。当刺激程度超过，或者少于这个最佳点时，你的注意力、记忆力、学习能力都会同时衰减。

什么因素影响刺激水平呢？

首先是周围环境中存在的各种噪音。比如，外面有施工队在干活，噪音特别大，可能就会导致很多人根本无法集中注意力。或者，办公室里有同事在大声聊天，你可能也很难集中注意力看书学习。

要注意的是，噪音的刺激程度取决于你本人的耐受力。有些人可能习惯某种噪音了，注意力就根本不会受到任何影响。比如，我以前觉得小孩子的哭闹声很吵人，会让我心烦意乱，注意力涣散。等到我儿子出生一段时间后，我完全适应了在哭闹声中看书、写文章，已经不会觉得小孩子的哭闹声属于噪音了。所以说，不同的人，对噪音其实有不同的耐受力。

其次是一件事情本身的刺激程度。一件事情是有趣还是无聊？是太难了还是太简单了？过难、过于新奇有趣，都可能导致刺激过度。太简单、太无聊，则会导致刺激程度太低。无论是前者还是后者，我们的注意力集中程度都会比较差，处于倒U曲线的下方。

在不同的零散时间段，你需要根据环境中的噪音大小，来决

定做什么。比如,在地铁里,你还完全适应不了路上的噪音,你可以选择处理一些事务性工作,或做一些启动大脑的小游戏。你也可以反向判断,如果这件事情本身太难,对注意力要求特别高,那你可以将自己调整到效率最高的情况下去完成。

对自己的时间类型和注意力的变化了如指掌,你就可以据此安排好零散时间的活动内容。不过,要想活动内容能够真正落地,还得学会提前制定好计划。所以,接下来,我们来谈一下如何制定计划。

提前制定计划

我们经常会听到有人说"计划赶不上变化"。这是不是意味着计划不重要?

恰恰相反。计划非常重要,即使计划经常追不上变化。但是,如果没有初始版本的计划,别说追上变化了,你可能连情况发生变化时基本的场面都无法应付。

就拿零散时间来说。你以为重视零散时间,知道根据自己的时间类型和注意力变化规律来安排做什么事情就可以了吗?

远远不够。我来说下自己的亲身体验。

有一段时间,我确实已经做到了重视零散时间,也知道哪个时间段最好做什么。结果,我还是把零散时间浪费掉了一大半。

原因就在于我从来没制定过一个完整的计划。等到有零散时间了,我也知道这个时间点最好是看一会儿书。

然而，我没有提前做好计划，经常把时间浪费在书籍的筛选上。或者，知道做什么了，却又不知道做这件事的终极目标在哪里，结果，执行一段时间后，往往就不了了之了。

千万别小看计划的重要性。你有了完整的计划，也就有了清晰的目标。这样才能指引着自己长年累月地利用好零散时间。

关于计划，后面的章节会详细谈到如何制定，这里先简单谈谈。

制定计划时，建议以年、月、周、日这四个尺度来制定。先确定年计划，接下来拆解为月计划。这个月，你要完成什么样的学习目标、运动目标，哪本书需要你利用整个月的零散时间来完成阅读。月计划需要你拆解成周计划。同理，周计划也得再次拆分，形成每日计划。

每天早上，或者头一天的晚上，你可以花5—10分钟，把一整天的零散时间做一个整体规划，看什么书，做什么运动，处理什么杂事，提前做到心里有数。

等到零散时间来临，你就不需要把时间耗费在筛选任务上了。

当然，所有的计划都容许有变通。但是，前提是一定要有计划。否则，你会发现挥挥手，时间就无影无踪了。做好月计划、周计划和日计划，并提前确认好零散时间有哪些、在不同时间段做什么事，这样执行起来才会毫不费力。

零散时间活动指南

零散时间到底可以做些什么事情?我来提供一个小清单,供大家参考。

(1)阅读。

只要有1分钟,就可以打开书看一会儿。如果你的零散时间经常是在地铁、公交里,建议你使用电子阅读器。

读什么书,可以根据你的效率周期来定,如果早上头脑清醒,精力充沛,那不妨读略难一点的书。精力差的时候呢,你可以试试读休闲类的书,或者是你已经看过一遍的书。因为这些书都不需要消耗太多的脑力。

(2)写点东西。

同样,不管有多长的零散时间,你都可以用来写些东西。比如,1分钟,你可以写一句话,记录当天的收获,也可以写"成就日记",把当天做得最成功的几件事情记录下来;5分钟,可以做一次项目复盘,总结其中经验、教训、可复制的行为模式;10分钟,可以写一篇周复盘。

(3)打个小盹。

如果有5分钟以上的时间,建议打个盹。打盹的具体时间,你可以根据自己的内在节奏和周边环境安排。

打盹能够提升人的认知和思维水平,增强警觉性,改善情绪。加州大学的研究发现，每天会打一会儿盹的学生的记忆力超过了没有打盹的学生。而且，他们更愿意花时间解决复杂问题。

很多研究认为小睡的最佳时间是10—20分钟。不过我自己在实践中发现，即使只短暂地入睡1分钟左右，醒来后感觉也是神清气爽。尽管比不上小睡10分钟的效果，但是与不睡相比较，效果实在好太多了。

(4) 做个"微运动"。

研究表明，每小时只要走5分钟，你的能量水平就会提升，注意力不集中的问题也会得到改善。

不要总想着拿出大段的时间做运动，1个小时安排5分钟的运动时间也是很好的。

我通常是1个小时活动一次。如果是写文章，会缩短到半个小时活动一次。站起来甩甩胳膊、走走路，活动下颈椎，都能起到提神的作用，还能防止得颈椎病。

(5) 做一次心智练习。

通过想象来完整地完成一个活动、动作，就是一次心智练习。心智练习指的是在脑子里把一次活动或一套动作从头到尾完整地想象一遍。

科学家在扫描大脑时发现，当我们实际执行动作和想象执行该组动作，大脑活跃区域有很大范围的重叠。

这意味着，我们的心智活动其实和真实的活动一样，会调用相同的神经元，会形成相同的神经回路。

我经常做的心智练习是写文章。比如,有1—5分钟的零散时间,我会闭上眼睛开始构思一篇文章的提纲。假如有10分钟,我会把开头怎么写、中间部分的大致框架、结尾具体怎么写,做一个更详细的构思。

我还发现这么做的一个意外好处:到了真正写的时候,创作速度会非常快。因为我需要做的,只是把提前想好的写下来而已。

(6) 做一次冥想练习。

有1分钟,就可以做一次冥想练习。你可以把注意力放到数呼吸上,数够60次,睁开眼,就完成了一次"微冥想"。

如果有5分钟,那你可以做一次更深层次的冥想活动。

冥想并不难。或者说,初级冥想并不难。甚至我发现,我们根本不需要多安静的环境就能完成一次冥想。

在开始阶段,千万别对冥想的层次有过高的要求,要容忍自己走神。

(7) 其他。

如果你喜欢摄影,喜欢记录生活,可以利用零散时间拍一些有意义的照片。

你也可以学几个英语单词,翻译几个句子。

还可以听一本书,或者听一本书的n分之一。如果你开了2倍速,可能在很短的时间内就可以听完一本书的二分之一了。

有好的公众号文章,也可以利用零散时间看一篇。不过,你需要提前收藏起来。临时找文章，会发现时间很快就过去了。

还可以做什么？比如，做个有趣的知识性游戏，听一首好歌，等等。

我们需要做的，是定好自己的计划，然后，把乘车时间、等外卖时间、会议开始前等各种各样的零散时间，都好好地用起来。具体做什么，取决于个人的计划、目标和内在节奏。

只要有了这样的意识，你就会发现零散时间内可以做的有价值的事情非常多。

白白流逝过去的时间，我们可以称之为无效时间。能够产生价值的时间，我们可以称之为有效时间。

客观来看，时间不增不减，对于每个人而言都一样多。主观来看，人和人所拥有的时间量千差万别。因为，有效时间的多少截然不同。如果你能将零散时间充分利用起来，你的有效时间一定会多出数倍。

这些有效时间，正是推动我们通往星辰与大海的终极力量。

2. 减少隐形损耗，你的时间其实并不少

如果我们能把零散时间利用起来，时间总量虽然不会多，但是有效时间会翻倍。除此之外，还有没有其他方法来增加有效时间呢？答案是尽可能减少时间的隐形损耗。

时间的隐形损耗，是指不知不觉间造成的时间浪费。从主观上来说，我们很可能对这种损耗无知无觉；从客观上来说，我们每个人都可能存在规模可观的浪费。

听起来是不是很不可思议？我怎么可能对浪费时间的问题浑然不觉呢？因为长期处于惯性模式中，我们会失去对自我的察觉力和反省力。

时间损耗：频繁切换任务

第一种最常见的隐形损耗：由频繁切换任务而导致的时间损耗。

吴军在《软能力》里提到美国统计局的一个数据，发现一天中大部分人会时不时地发送邮件，以及在社交媒体回复消息，只

有很少一部分人，会定时回复消息。

我们观察一下周围同事的工作状态，也能发现这种情况实属普遍。大部分人工作时都会把手机放在身边，一收到短信便会立即放下手头工作回复，有电话打进来就马上接听。

蔡格尼克效应会导致记忆残留，每一次切换任务，上一个任务仍在脑海未散去，等我们真正进入状态，至少也需要3—5分钟。这3—5分钟，就是隐形的时间损耗。

我们可以计算一下，一天有多少个3—5分钟被浪费掉了？下载一个手机管理工具，可以清楚地计算手机启动的次数，手机的使用时长，观察一周，就知道自己平均一天浪费多少时间了。

这些被浪费掉的时间，乍听起来微不足道，不就是几分钟吗？但累积下来，就很可观了。假如平均一天被打断10次，每次5分钟的时间损耗，一天是50分钟，5个工作日是250分钟，即4小时10分钟；一个月为1000分钟，即16小时40分钟；一年就有12000分钟，即200小时。这么算一下，你还会觉得微不足道吗？

如何减少任务切换时的时间损耗？在工作、学习时，应规划出"时间块"。我们可以根据自己的注意力特点，把时间块设定为不同的时长，我的"时间块"一般是30分钟。在限定的时间块内，我会要求自己只做一件事情，不可以切换任务。规划"时间块"还有一个好处，你知道多久以后自己可以休息，这种掌控感有助于你将注意力集中到当前任务上。

另外一种方法，是按"任务块"规划。比如，我要创作

2000字,在完成这项任务之前,绝对不能切换到其他任务。任务时长通常不一样,有的小任务可能只需要10分钟,有的任务可能需要50分钟。不管是大任务还是小任务,都可以按任务块去规划,完成一件再启动下一件。

另外,如果你在完成一项大任务,休息时间也不要切换任务。

有一次,我在写文章的同时,还交叉做着另外一项高难度任务,导致两个大任务都产生了时间损耗。因为大任务需要耗费大量的脑力资源,来回切换会导致自己无法深度沉浸于主线任务,从而降低效率。所以,在一定时间段内,最好集中注意力只做一件大任务,直到完成为止。

除电子讯息带来的任务切换,被同事、下属或领导打断也会导致我们被迫在不同任务间频繁切换。

办公室里经常发生这样的情形:某人正在完成某项工作,突然,有同事走过来沟通项目进展,或下属过来请教工作问题,抑或领导突然要求汇报项目情况。这种情况几乎每天发生,而且处理起来可能更棘手,因为这种情况导致的损耗事关更复杂的职场关系、职场发展。

"时间块""任务块"的方法,仍然可以启用,且能有效阻止大部分的任务被迫中断。我在办公室工作,经常以"任务块"为模式,会花大概4—6小时去完成一个案件的全部基础工作,包括案件大事记、案件检索、辩论意见、代理词等,中间只有碎片式的休息。当我们养成这种工作习惯,同事、下属也会逐渐适应，中途打断的现象会越来越少。关于向领导汇报工作，我们可以主动形成一种规律性的汇报，确定固定的"时间块"。

时间损耗：违背内在节奏

第二种常见的隐形损耗：启动任务的顺序违背内在节奏规律，会导致时间损耗。

我们在前面第一章里谈到每个人都有自己的时间类型，云雀型、猫头鹰型和第三种鸟型。时间类型不同，内在节奏便不同。云雀型的人，其注意力、精力、情绪在早上处于巅峰值，猫头鹰型的人是在晚上处于巅峰值，第三种鸟型的人可能没有明显的巅峰期和低谷期。

我们把任务分成三种，即分析型任务、创造型任务和事务型任务，不同时间类型的人需要按照自己的内在节奏进行科学规划。如果随性安排任务类型，会经常不知不觉浪费时间。

作为一只"猫头鹰"，我在大部分时候会将高难度的分析型任务、创造型任务分配在下午和晚上。但是，有些时候由于工作需要，不得不在下午之前完成一些高难度任务。每到这种时刻，我发现时间损耗量堪称惊人。因为在整个过程中，思考能力较差，注意力集中程度也不佳，中间就一定会无效工作。外表看来，我似乎在思考、在研究、在分析，但大脑实则已断电，运转速度缓慢。本来一个小时可完成的任务，可能会耗时三个小时。

这种损耗，我们往往察觉不到。即使察觉到，可能也认为正常，毕竟，工作状态不可能是一个恒值。

实际上，只要尽可能地顺应自己的内在节奏，我们便可将上述时间损耗减至最少。

时间损耗：缺少确定性

第三种隐形的时间损耗：随机模式带来不确定性，不确定性引发损耗。这种损耗更常见于自由职业者。

某次和同事一起去外地出差，同事早上6点便起床。而当天我们的开庭时间其实是9点，所住酒店距离法院步行20分钟左右。关于起床时间，我俩进行了一次深入交流。同事告诉我，她几乎每天都是6点起床，不管当天是否上班。除非有特殊情况，比如需要起得更早，或实在病得爬不起来。我也观察到，她基本上每天定点去律所，堪称风雨无阻，工作效率非常高。

律师更接近于自由职业，每天不需要定点上下班，不用打卡。而自由和放纵往往是孪生兄弟，很多律师会启用"随机工作模式"，几点起床、几点工作、几点吃饭、几点入睡，都是随机操作。

我自己就是更接近随机模式。如果要出差，可能早上5点多便起床了；如果上午没什么事，很可能睡到9点左右才起床。起床时间变成了"拆盲盒"，一整天的安排也同样是"拆盲盒"。

随机模式会让我们错以为自己得到了真正的自由，想怎么安排时间就怎么安排。但事实上，随机模式会导致我们每天的时间安排充满了不确定性，个体对自己的预期也处于不确定状态。有时候很懒散，有时候又很勤奋。明天到底勤奋还是懒散？很可能当晚在入睡前都无法确定。

我们的情绪状态也会受到影响，本来预期明天可以懒散一天，结果第二天被迫需要勤快。第二天，不情不愿地去工作，工作效率一定会变差。这时，时间损耗发生了。我自己在随机模式下，隐形损耗的时间不计其数。

另外，随机模式本身的不确定性，会消耗我们的内在能量。人类大脑追求"确定性"，我们因确定而幸福。

普通上班族很容易过上规律的生活。作为自由职业者，要尽可能让生活可预期，不只是起床时间，应该整体有一定的规律。偶尔随机可带来惊喜，长期随机则导致损耗。

时间损耗：盲目完成复杂任务

第四种隐形的时间损耗：盲目完成复杂任务带来的时间损耗。

我接到最复杂的一个工作任务：在4天时间里梳理22个案件。这些案件既相似又有很多不同，相似之处在于原告都是同一个公司，案由也是同一个；不同之处是被告以及被告的各种情况。要在4天时间里把所有资料全部梳理归类，撰写完成基本的文书，包括起诉书、证据目录。

在接手时，我的内心很绝望。如果给我10天时间，一天梳理2个案件，我肯定游刃有余。现在的问题是时间短、任务重。

我开始处理这项工作之后，错误百出，有时是套用文书模板时忘记更改信息；有时是突然发现某个案件和其他的不同，需要增加被告；有时整理好材料后发现又得更换顺序，有些材料并不

需要提交;还有一次发现某个案件诉讼时效过了,起诉书中涉及的时间需要模糊化处理。第一天,在混乱中度过,不断返工,效率奇差,当天只完成了5个案件的基本梳理。

第二天,我制定了工作流程。流程如下:第一步,先初步整理材料,装订和厘清顺序;第二步,撰写起诉状及证据目录初稿,同时将发现的问题清单制作出来;第三步,材料补缺;第四步,根据新整理好的全部材料,再次修改起诉书、证据目录并补充完善问题清单;第五步,打印文书后仔细核对;第六步,团队对接。

再次启动后,因为有了流程,可以按照步骤完成,效率倍增。我在完成的过程中,还可根据实操情况多次进行流程优化。

但凡复杂任务,不能盲目启动,要先梳理出流程,并不断优化。迭代几次,流程和本次任务就可以做到高度匹配。如果盲目启动,会发现自己一直处于忙乱中,感觉自己很努力,却又看不到效果。忙乱中,我们可能在不停地做无用功,带来的时间损耗,不可估量。

这些导致时间无形中发生损耗的事件,是当之无愧的"时间刺客"。如果你未及时观察和内省,就会被时间刺客在不经意间吞噬大量的时间。

每个人拥有的时间总量,只有一个客观数据:每天24小时。但是,你有办法增加有效时间。无论是积极使用零散时间,还是减少隐形损耗,本质上都在提升时间的使用效率。

效率高了,你的有效时间自然比别人多。拥有大量有效时间者,可以完成的事情比一般人多得多。

3. 关注"暗时间",让你的时间比别人多10倍

刘未鹏在《暗时间》这本书里写道:"你走路、买菜、洗脸洗手、坐公车、逛街、出游、吃饭、睡觉,所有这些时间都可以成为'暗时间',你可以充分利用这些时间进行思考,反刍和消化平时看和读的东西,让你的认识能够脱离照本宣科的层面。这些时间看起来微不足道,但日积月累将会产生巨大的效应。"

刘未鹏提到的上述场景,我们都不陌生。但是很可能从未想过,这些时间竟然也可以使用。而且,一旦你学会用好这些"暗时间",有效时间就会比别人多出数倍。

暗时间的背后,是隐藏的潜意识

为什么存在看不见的"暗时间"?背后的秘密是潜意识。

想高效运用好那些躲藏在后台的暗时间,必须先了解潜意识。

英国心理学家威廉·卡朋特认为:"两股完全不同的精神活动,就像两列并行的火车,一个是意识,而另一个是潜意识。"

我们每个人都处于这样的双轨系统里,意识与潜意识同时行

进。我们能明确感知意识在轨道上前行,却很难觉察到潜意识也在做同样的事情。当意识在前台工作时,耗费的是明时间,即你我所能感知到的时间;当潜意识在后台默默工作时,消耗的时间则为"暗时间",即你我无法察觉的时间。

潜意识的一个重要特点是"从不睡觉",它会在你的大脑后台不眠不休地工作。

灵感的诞生,便是潜意识持续思考的结果。

提到灵感,我们总以为这是天才的特殊本领。某个瞬间的福至心灵,是非凡大脑的杰作。对普通人而言,灵感似乎遥不可及。

果真如此吗?作家铁凝在一篇谈论灵感的文章里写道:"灵感虽然如此轻灵,但支撑它存在的,是作者长久的内心积累,就这个意义而言,灵感其实是笨的。"

文章中,铁凝提到自己在创作长篇小说《无雨之城》时,一直苦于开头如何描写,故迟迟未动笔,直至某天中午看见一个放学回家的小姑娘,边走边踢着一只高跟鞋。

铁凝在看到边走路边踢高跟鞋的小女孩后,突然知道如何创作小说的开头,是因为"小说开头"这件待完成事项,已经在潜意识里扎根很久。长久的酝酿,产生了突然的灵感。

表面的灵光乍现,其实是大脑利用"暗时间"默默工作良久之后交出的成绩单,走路、买菜、洗脸洗手,甚至吃饭、睡觉时,大脑可能都在默默思考。看似不费吹灰之力,实则为"功到自然成",没有潜意识的长久积累,也不会有灵感的迸发。

潜意识的很大一部分工作内容，是持续思考你渴望的事物，或者说目标，以及一些重要的待完成事项等。而整个过程，你通常都毫不知情。

潜意识的关注点：你的渴望之物

潜意识会不自觉地关注我们的渴望之物。比如，当你饿了，渴望食物时，你的注意焦点就很容易被食物吸引。

在一项研究中，研究人员发现，饥饿的受试者对相关词汇有更敏锐的识别力，如"饥饿""渴望""得到""获取"等。即使这些词汇一闪而过，出现的时长仅有50毫秒，也能被渴望食物的受试者迅速识别出来。

其他渴望之物，也会影响我们潜意识的关注焦点。

我在大学时期，曾有一段时间特别爱玩"龙珠游戏"。玩了一段时间后，在生活中看到不同颜色的物品，会不自觉地想着怎么调整位置，把同色的摆在一起，接着，扔炸弹让同色物品消失。我发现经常玩消消乐的朋友，也有同样的奇怪念头。有研究就发现，经常玩俄罗斯方块的人，会把真实世界里的物品视作游戏里的图形，潜意识会自动把物品拼在一起。

我们渴望什么，潜意识便会为此工作。改变你的渴望，潜意识的关注焦点就会发生变化。

有一项研究，受试者为学生，他们被激活"学术成就"或"身体健康"目标后，会改变他们的交友选择，前者更倾向于选择能够共同学习的朋友,后者更倾向于选择能一起健身的朋友。而这种改变,是悄无声息的。

当学生们渴望"学术成就",渴望"身体健康"时,他们的潜意识会自动改变对朋友的筛选方式。

在我开始阅读、写作之前,潜意识关注的焦点,往往是游戏、他人的闲谈、美食等;当我开始阅读、写作之后,潜意识关注的优先级,变成了有趣的书、优美的诗词、流畅的文章。

吃饭、走路、睡觉等等这些时刻里,潜意识在思考的事情,经常是哪个句子表达更准确、更优美,哪本书的观点更有趣,哪个作者又出了新书,我下一篇应该写什么主题的文章……

你的渴望,就是你潜意识关注的优先目标。渴望什么,潜意识就为什么卖力。

想要让潜意识关注你想关注的事物,我们需要提前设定好关注点,即设定好自己"渴望的事物"。

我们需要改变自己的渴望,设定高价值的人生目标。有了目标,有了新的渴望,潜意识便会使用"暗时间",在后台不知疲倦地为此工作。

潜意识的关注点:你的重要待办事项

"蔡格尼克效应"会导致未完成的事项始终占据着你的大脑,挥之不去。直到你完成这件事,它才能从大脑里被彻底清除出去。比如,你下周一需要提交一篇工作计划,在完结之前,大脑里会不停地自动冒出这件事。

蔡格尼克效应的发生，源于潜意识对待完成事项的自动关注。自动关注的积极作用是，帮助你持续酝酿，直至灵感袭来。

我写文章时经常有这种体验。比如，某篇文章的结尾，最初无法下笔，只得放下。接下来的一段时间，看似并没有特别关注，但其实吃饭、走路、洗漱、睡觉时，潜意识经常在自动思考这件事情。某天早上醒来，结尾的词语、句子突然跳至大脑，迎来了"下笔如有神"的时刻。

潜意识不会对所有待完成事项平均分配资源，而是有所筛选。那些越需要耗费大脑资源的事情，越容易攫取潜意识的注意。

在社会认知心理学家约翰·巴奇所做的一项研究中，一组受试者收到通知，他们需要在随后的测试中说出美国各个州的名字；另外一组受试者收到通知，他们需要在随后的测试中，快速计算出看到的州名共有多少个字母。

在任务开始之前，受试者先进行一个8分钟的冥想，并把走神时闯入大脑的念头记录下来。冥想结束后的统计发现，前一组受试者想起测试任务的次数是后一组的7倍。

原因是，提前思考有哪些州名，能更好地完成随后的测试；提前思考州名的字母数量，对随后的测试却起不到什么作用。

很多高手都擅长利用潜意识。我的一个同事，办案时会先思考相关资料，但不急于得出结论，经常和新人说的一句话是"让子弹飞一会儿"。

《创意的生成》这本书里提到,生成创意一共需要五个步骤:第一步,让大脑尽量吸收原始素材;第二步,开动大脑,把这些资料当成食物,用思维好好咀嚼一番;第三步,把整件事彻底放下,尽量不去想它;第四步,等待创意的不期而至;第五步,进一步地修正与发展。

第三步的"彻底放下"到第四步的"创意不期而至",依赖的是潜意识的长久酝酿。看似不刻意关注,但潜意识在后台持续默默工作,最终,才能有不期而至的创意诞生。

潜意识就像一个"田螺姑娘",愿意不知疲倦地默默付出。当然,前提是你懂得为她提供契机。你要学会制定目标,改变渴望之物;你要学会提前设定关注事项,存放于大脑长久酝酿。当"田螺姑娘"开始效力,你会发现自己拥有了数不清的"暗时间"。

"节其流,开其源",关于时间,同样的道理。你既要想办法让时间变多,又要想办法节约使用。减少时间的隐形损耗,属于"节其流";重视零散时间和充分使用暗时间,均属于"开其源"。

双管齐下,时间定会眷顾你。

4. 创造余闲，做时间的掌控者

《贫穷的本质》一书的两位作者深入摩洛哥的一个小山村去调研，访问了一个叫欧巴克的穷人。两位作者问欧巴克，如果有了更多的钱，会用来干什么？欧巴克说，他会用来买食物。

然而实际情况是，欧巴克家里竟然还有电视机、DVD播放机等物品。显然这些东西不属于必需品。在家里食物紧缺的情况下，从理性角度来看，欧巴克显然应该去购买食物，或者拿钱购买农产品，或者把钱存起来，但他认为"电视机更重要"。

欧巴克为什么选择了非理性消费？电视机、DVD机可以立刻为当下的生活提供乐趣，而食物呢，短时间内少吃一点也没什么大影响。储蓄，就更别说了，需要一点一点地存下来，需要调用意志力来延迟满足。对他来说，这是件异常困难的事。

有些贫穷的人，远比我们想象中更短视。

书中还有大量其他的案例，比如，穷人很难带孩子完成疫苗接种，他们往往去第一次、第二次，之后就会消失不见。即使疫苗接种完全免费，也依然如此。再比如，为了让孩子早点赚钱，他们会勒令孩子退学。

诺贝尔奖得主阿玛蒂亚·森说："贫穷并不仅仅意味着缺钱，

它会使人丧失挖掘自身潜力的能力。"

来自穷人的这些真实鲜活的案例告诉我们,最典型的穷人思维,其实就是"短视"。大部分穷人采取的都是"今朝有酒今朝醉"的快策略。

你可别以为只有缺钱的才是穷人。缺时间,同样也是一种贫穷。当一个人陷入时间稀缺,同样会成为短视者,并失去挖掘自身潜力的能力。

时间稀缺导致的短视

美国国家航空航天局某次发射的火星探测器已进入执行程序。然而,工作人员始终没有收到探测器的信号,最终只能先假定探测器已坠毁。

调查中,发现原因是探测器减速过度,导致无法逃离火星引力的吸附。

而探测器减速过度的原因是数据出现了问题。负责火星轨道探测器和喷气推进器的是两家不同的公司。在彼此传输数据的过程中,两个公司采用了不同的度量系统,前者用的是英制度量系统,后者用的是公制度量系统。

本来单位不一致也不是问题,转换一下即可。问题是,两家公司都未发现他们使用的单位不同,对方传输过来的数据,都用自己默认的单位理解。这么一来,数据误差就产生了,最终导致探测器的速度出现问题。

如此重要的国家级项目竟然会出现这么荒谬的低级错误。根源在于，整个团队陷入了时间稀缺状态。

项目起步后，各项工作始终落后于预定的截止日期，整个团队处于加班赶进度的紧急忙碌状态。

为了追上进度，避免延误，团队所有人员的关注点都放在了怎么及时完成手头工作上，根本没有余力关注项目的细节。所以，即使错误已经发生了，所有工作人员也浑然不知，最终导致重大事故。

千万别低估时间稀缺带来的负面影响。一旦出现时间稀缺的情况，我们就会下意识地紧盯着时间，像救火队队员一样忙于灭火，以便截止日之前完成工作。其他重要事项则会被彻底遗忘。

比如，我们很多人在深陷时间稀缺的状况后，所有的心智资源都用在了各项紧急任务上，根本不记得关注身体健康、关心家人，也更不会关注长期的自我成长。

<mark>归根结底，每个人的心智资源都是有限的。没有人能够真正将所有事项都纳入视野。当紧急事项自动俘获我们的注意力后，我们的心智资源会主要用来处理紧急事项。在浑然不觉中，其他事项已经被挪在了视野外，你根本想不起要关注。短视，就这么发生了。</mark>

我自己也深有体会。有时会处于极端忙碌状态，频繁出差，经常早晨五六点出门，回家已是晚上十点。在这段时间，我很难有多余的心智资源关注其他事情，丢钥匙、丢证件，都曾发生过。

如果长期处于时间稀缺的状态，彻彻底底沦为"时间的穷人"，后果一定会更严重。

生活中，很多人把精力都花费在了各项紧急任务上。当你给出善意的提醒，让他们注意身体、多运动，他们会告诉你：我哪有时间锻炼；当你提醒他们要多学习、多成长，他们会再次强调：我太忙了，根本挤不出时间。

他们的生活，只剩眼前，对自己、对未来都没有能力做出更长远的规划。

这是时间稀缺带来的必然后果。如果不想成为一个短视者，我们就要主动避免自己陷入时间稀缺，拒绝成为"时间的穷人"。

关键在于，我们要学会创造"时间余闲"。

 **用少数法则明确人生目标**

很多人在做事情时，喜欢"眉毛胡子一把抓"，什么都想做。之前有读者问我，为什么时间总是不够用？细问之余，我发现这名读者有一个习惯，每次看到别人学什么，或者看到公众号、得到、抖音等平台上推出的课程广告，都会在纠结之后购买。最夸张的时候，能同时购买10个课程。同时学习10个课程，就算是超人也无法做到。每天当然只能把时间排满，这门课学一点，那门课也学一点。这么做，必然会觉得时间不够用。

同一时期安排太多事项，是因为在做选择时采用的原则是"任何益处法"。这个法则是指，只要这件事情可能对自己有好处，就决定去做。

想创造时间余闲，我们必须采取另外一种原则："少数法则"。少数法则要求，当一件事情的益处要远远多于坏处时，才将其纳入日程。

怎么去衡量这件事情的益处呢？

第一步：明确职业和个人生活中的高层级目标。比如，我的职业目标，首先是成为一名优秀的作者，出版书籍，拥有自己的优质作品。生活目标，是拥有亲密的家庭关系。注意，高层级目标只有两个，一个关于职业，一个关于生活。不要设定好几个高层级目标。短时间内，没有人能同时完成多个高层级目标。

第二步：为高层级目标，列出重要活动清单，一般来说不超过5项。比如，我的职业目标下的活动清单，包括阅读大量书籍，学习相关课程，创作自己的优质作品。生活目标下的活动清单，包括留出充裕的时间陪孩子、每年3次以上的家庭旅行、每周至少一次的家庭聚餐。

你可以在清单中先列出10个活动项目。接下来，分别评估这些活动的好处与坏处是什么。如果好处远多于坏处，就可以保留在清单中。反之，则应从清单中删除。在不同时期，重要活动清单可能会发生变化。因为你的高层级目标也在变化，所以，你可以定期修改活动清单。

第三步：评估益处。一件事情做与不做，关键要看是否与高层级目标吻合，是否在重要活动清单里。比方说，有一个平台找我约稿，我要不要接呢？如果我的重要活动清单中有为其他平台写稿这项活动，与高层目标吻合，那我就会接稿，如果不属于重要活动清单中的事项，我会拒绝。

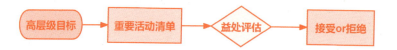

如果经过三个步骤，你还是无法确定这件事情到底是否值得做。那你也可以选择一个简单的方法，用二八法则衡量。你所从事的20%的活动，对高层级目标起到80%的作用。如果这件事不在20%的范围里，你就可以考虑不做。

运用"少数法则"，与大部分事情做断舍离。这样你的时间，自然会多起来。

留出冗余时间

有些人沦为时间的穷人，是因为从来不留出冗余时间。

在制定日程表时，很多人会把每个小时做什么都提前安排好，时间安排得满满当当的。

这种做法的负面影响就是降低了容错率。一旦错一步，后面就会步步错。比如，你的计划是9点到10点接待客户，10点到11点完成一份工作报告，11点到12点找领导汇报本月工作。结果，接待完客户已经11点了，你的工作报告根本没有时间完成。

接下来的工作汇报也只能泡汤。根源在于，你没有留出冗余空间。这就会导致前一步没按时完成，后一步以及之后的所有安排都很难按计划完成。更科学的安排是，如果你预计一件事情可能要耗费一个小时，那你最好留出双倍的时间，甚至更多。刚才提到的计划，应该修改为：上午，完成客户接待。

计划泡汤，你一定会变得非常焦虑。越焦虑，你就会越盯着时间不放，此时，稀缺心态已产生。其实，密密麻麻的日程表，即使你能严格执行，也会导致你只盯着时间看。除了日程表上安排的项目，你的眼里已经不可能有其他事情了。这肯定不是你想要的生活。

不仅是日程表，周计划、月计划、年计划，都得留出时间冗余。越是困难的事情，越是不确定性强，以及需要他人配合的事情，越应该留出足够的时间冗余。拿接待客户这件事来说，就是一件不确定性很强的事情，对方未必会配合你的时间计划。

平均而言，你每天已经确定要做的具体事情占用的总时间，不能超过当天有效时间的60%。情况特殊时，可以调整。但不能长期将时间占满。

缺乏时间冗余，你将无法解决突发事件，无法容忍错误。如果没有容错空间，你会陷入恶性循环，成为永远的时间穷人。

除了日程表、各项计划不要过度紧绷外，你还需要主动创造出固定的冗余时间来休息。比如，每天固定某个时间点，你可以用来运动，或者和家人朋友沟通。这种方法也可以避免你陷入稀缺心态之中。

如果你工作随机性比较强，也可以不固定具体的时间点，而是固定整体的时间长度。比如，每天一定要留出20分钟运动，

20分钟和家人聊天、一起活动等。做不到每天,也可以把频率修改为2—3天一次。或者,把衡量周期改为每周,确定每周的总量后,再根据情况执行。

安装上游思维

我刚才所谈到的方法,都是"术"。关于术,其实大部分时候都是各有各的门道。你可能适用这个方法,而我可能更适合另一个。我提到的这些方法,也只能起到启发作用。

我们更应该做的,是从"道"的层面着手。你要认识到余闲的重要性,然后给自己安装一个名叫"上游思维"的程序。

当上游思维成为你的底层心智,你不会陷入时间贫困,你不会跳入死循环,你更不会成为短视者。

希思在《上游思维》中指出,上游思维是通过提前谋划,解决未来问题的一种思维方式。比如,在我们还没有生病之前,通过饮食和运动保持健康,这就是上游思维。再比如,在家里东西被乱七八糟地堆放之前,先买了收纳盒,然后分类归整,这也是上游思维。

我们学习科学的时间管理方法,就是在给自己安装"上游思维"。

因为,了解了自己的内在节奏,就可以把事情安排在合适的时间段;学会制作时间账单,可以更高效地完成每天的重要事情;学会拆解任务、制作进度表,可以顺利完成重要项目,达成重要目标；学会消灭坏习惯，时间就不会被不知不觉地吞噬；学会高效休息，就能始终拥有充沛的精力……你看，这些都是从系统上帮你解决问题。

万维钢老师说，上游思维就是"治未病"，这是属于"士"的思维。"小人长戚戚"，很多人是没有上游思维的。

学习管理时间的科学方法，就是"治未病"。在发病之前就解决了问题，这是"士"才能达到的境界。你不会经历时间危机，不会成为时间贫困户，你始终拥有足够的余闲。有了余闲，你才能拥有思考和行动的自由。

我现在是双职业生活：写作和律师。在最初，确实手忙脚乱，那段时间，我成了时间的穷人。现在，我再次成了时间的富人。之所以能完成转变，完全得益于我的时间管理能力。

学会科学管理时间，你的余闲时间也一定会越来越多。如果不从整体提升自己的能力，你大概率只能永远做时间的穷人。

成为时间的富人，我们才能有多余的心智资源思考"诗和远方"。

"穷人"只有当下，"富人"才有明天。

愿你拥有余闲，愿你成为时间的富人，愿你的人生永远生机盎然。

第三章　核心工具

一

记录时间开销，
形成你的时间系统

1. 制作每日账单,快速进入深度工作状态

很多人为了学会管理时间,盲目地学习各种烦琐的方法,使用各类花里胡哨的工具,但最终的结果往往是"半途而废"。新鲜期过后,不论方法还是工具,统统被抛诸脑后。一段时间后,再次开始上述循环。为什么总是失败?大家可能没想过,其实根本不是自己执行力的问题,而是这些方法和工具存在统一的致命缺点:复杂、烦琐。

李松蔚在《5%的改变》中写道,"请当事人尝试的变化一定要小之又小,近乎不变",因为"变化如果大刀阔斧,甚至于指向'你从前的活法要不得',就会变成用不上的大道理"。复杂的方法、烦琐的工具,即为"大刀阔斧的改变",致使我们迈出的步子过大,很少有人能持续执行下去。不论方法多精妙、工具多优雅,都有极大可能被束之高阁。

所以,从一开始,我就在不断探索最简洁的时间管理方法和工具。我开始使用幕布文档App,最初只是简单记录备忘事项和所做事项。之后,我的记录模板随着需求不断迭代,并指导了数千名读者和学员。到目前,已形成了一套科学有效且易执行的时间管理体系,即时间账单。

时间账单,是指每天清楚记录时间开销的"账簿"。时间账单可以分为日账单、周账单、月账单和年账单。对应我们的一天、一周、一个月和一整年。

我确信，时间账单是非常容易上手和坚持执行下去的方法。因为，它只需要我们先向前迈出"小之又小的那一步"。新的行动会产生新的经验，并催生出更多的行动，至此，我们将走上正反馈之路。

先从管理好每一天的"每日账单"开始。当大家能使用时间账单管理好最小尺度的"天"后，接下来就可以管理好中尺度的"周""月"，以及大尺度的"年"。最终，是整个一生。

以下为我本人记录的每日账单模板，包括要素如图所示：

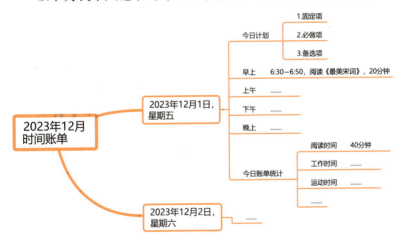

接下来，我来告诉大家如何用好每日账单。

每日账单之"今日计划"

"今日计划"主要是前一天临睡前写，以便清空大脑，提升睡眠质量。第二天早上醒来后再补充整理，完善今日计划，并进一步了解计划。

在制定今日计划之前，我们先把要做的事情进行分类，我将其分为三类：固定项、必做项和备选项。固定项，是每天的固定日程；必做项，是必须完成的事项；备选项，可以选择完成与否，主要取决于当天的具体情况。

接下来，制定今日计划时，需要遵循三个原则。

第一个原则，把可能要做的全部事情都记录下来。

固定项是每天的固定日程，记录下来即可。比如，每天阅读15分钟，每天运动20分钟，这些固定日程可以使用模板提前记录。接下来，把所有可能要做的其他事项全部记录下来。在记录之后，再区分必做项和备选项，事项后标记清楚"必做"和"备选"。之所以要全部记录，是为了释放我们的大脑空间，不会因为惦记这些事项而不停地分心。接下来，再删减。

必做项一般不要超过4件，备选项一般保持在3件以内，如时间有冗余，可选择完成这些备选项的全部或部分。

固定项、必做项和备选项合起来使用的时间预估，最好限定在5个小时以内。否则，当天的时间会缺乏余闲，难以应对突发情况。缺乏余闲的后果大概率是陷入"救火模式"。

一旦陷入"救火模式"，所有的时间管理都将是纸上谈兵。

第二个原则，在制定今日计划时，将最重要的事项放在清单最前面。

当完成记录后，你会发现自己每次回头看，往往更容易注意到清单上的前几项，后几项容易忽略。所以，建议在记录时，把必做项放在清单的前面，备选项放在清单的后面。

第三个原则，如果一件事情在2分钟以内就可以完成，一般不要记录在今日计划里。

比方说，临睡前想起来明天需要从网上买一个牙刷，那直接下单买了即可，没必要记录下来等待第二天完成。我们需要及时清空大脑中的简单待办事项，腾出空间关注更重要的事情。

在制定今日计划时，我们应根据自己的内在节奏规划大致在哪个时间段完成。比如，指定上午或者下午。有了大概的指定时间，就更有可能完成事项。否则，当天可能会不断地拖延，下午再做吧，等到下午，又想晚上再做吧。拖来拖去就到入睡时间了。

除了指定完成时间，大家可以预估一下会耗费的总时长。同样，这也是一个大致的时间预算，并不会特别准确。如果不提前预估耗时，可能会导致自己经常拖延。每次想到要做某件事，尤其当这件事情比较难，需要耗费大量时间时，我们可能会产生严重的抗拒心理。大概率的结果是，这件事情在清单上挪了好几天仍没完成。

一旦大致预估一个总耗时，这件事的确定性会变强，我们的掌控感也变强了，拖延的概率大幅下降。另外，还会有一个意外收获：预估能力越来越强，统筹安排能力也随之增强。

记录完事项后，大家可以根据完成情况更新清单。完成后备注"完成"，并在幕布文档App里将整个事项变成蓝色字体。每天看到完成的这些事项，会让我们更清楚时间去了哪儿，也更有成就感。

每日账单之"记录具体的事务用时"

在每日账单中,可以将整天时间切割为四个时间段记录,包括早上、上午、下午和晚上。早上的时间单独切割出来,是为了防止大家忽视这个黄金时段,让它溜走。当我们把早上的时间单独拎出来,会让自己清楚地意识到,起床后的这一段时间值得严肃对待。

在每个时间段,做每件事情之前,我们可以记下要做什么,此时是几点几分,结束后再次记录几点几分,并统计耗费的总时间。要注意当天的时间统计中,你最好计算做一件事情所耗费的纯时间。我通常会把中间分神、短暂休息的时间都去掉。

记录时间能够让我们清楚自己实际花费的准确时间,同时也能提升对时间的预算能力。

做一件事情,花费了多长时间,一项一项都记录在当天的账单中。这个动作看似简单,但当大家开始记录后,会发现困难重重。

第一个注意事项:误差与优化同在。在此前,你可能从未做过记录,在开始记录后,会发现自己经常忘记记录做一件事情的开始和结束时间,只能大致估算一下耗时。而且,如果你很少观察时间,估算耗时与实际用时之间可能会相差20%,甚至更多。但是,经常忘记记录起始时间不要紧,关键是要把动作持续执行下去。在最初,我们要容忍这些误差,可以先用最粗糙的方式记录一段时间，再逐步优化。

第二个注意事项：精确与粗糙并行。很多人在启用时间账单后，认为要对所有事务用时做全面性的精确记录，一段时间后，大概率会因为记录负担过重而弃之不用。我的建议是，对重点事务做精确记录，对非重点事务可以用毛估法记录大概的时长。

每日账单之"今日账单统计"

做今日账单统计之前，需要先盘点自己经常做的事务。

第一步：盘点自己经常会做的事务、活动有哪些。

事务通常包括阅读、写作、视听学习、运动、与朋友家人聚会、微信聊天、处理各类事务性工作、参加线下活动、陪伴孩子、看电影、旅行、刷视频类App、购物、通勤、睡眠等。

第二步：每天记录各类事务各自投入的时间总量。

这个动作的目的是将时间的支出情况形成记录并让自己感知。记录一段时间后，我们将对自己的时间去向了如指掌。

选择趁手工具，轻松启动每日账单

了解每日账单的记录方法后，最重要的是能够快速启动。

关于每日账单的工具选择。

很多工具可以用来记录每日账单，我把这些工具分成了两种类型：第一种类型是高自由度的工具，每个人都可以根据自己的情况制作账单，电子版工具包括幕布文档、石墨文档等 App、Excel、Word 文档，纸质版工具即笔记本；第二种类型是自动化工具，包括滴答清单、番茄 ToDo、时间日志等 App。

自动化统计的 App 灵活度较差，没办法根据个性化需求做记录。所以，推荐使用高自由度工具，在这些工具中我首推幕布文档 App，操作便捷，结构感强。但在选择哪个工具时，你需要结合自己平时的使用习惯，最好能和其他会做的高频事情绑定在一起。

我能够持续做时间账单，和我选择的幕布文档 App 有很大关系。幕布文档 App 是我最常用的工具。从 2018 年初使用至今，已经形成了一个系统，里面有我的写作提纲、阅读笔记、年度计划、课程开发等多个项目。

最熟悉的工具，既是用起来最称手的，也是使用率最高的，我几乎每天至少打开一次幕布文档 App。这样记录每日账单的难度就会再次变小。既然打开了，顺手记一下，是不是很方便？

如果工具不趁手，统计时间这件事就很容易夭折。

另外，注意实施"微启动"。当大家有了趁手工具后，不要期望制作的每日账单能一步到位，可以从最粗糙的统计开始，只记录每天做了哪些事情，各自用了多少时间；记录一段时间后，再优化账单，增加每日统计账单的事项；再过一段时间，加入今日计划。记住在本篇开始我所说的"新的行动会产生新的经验，并催生出更多的行动"。

小步子，才是改变的利器。

 记录每日账单，开启深度工作状态

很多人可能会疑惑，为什么要记录每日账单呢？看起来，记录每日账单要花不少时间，有必要记录吗？

每日账单最大的魔力是帮助我们每一天都能进入深度工作的状态。唯有深度工作，时间才能发挥最大的价值。

首先，每日时间账单中的今日计划，能帮助我们减少分心的时候，更容易进入深度工作状态。

《深度工作：如何有效使用每一点脑力》这本书给深度工作下的定义："在无干扰的状态下专注进行职业活动，使个人的认知能力达到极限"从这个定义，我们就能看出，要想进入专注中，前提是一定要把干扰因素排除掉。

我们经常遇到的干扰因素是什么呢？心理学上有一个"蔡格尼克效应"，是说未完成的事项会始终占据着大脑，挥之不去。也就是说，没有做完的事情会更耗费你的注意力。直到完成这件事，它才会被我们大脑彻底清除。比如，下周一需要提交一篇工作计划，在完结之前，我们的大脑里会不停地自动冒出这件事。

这种效应的好处是，时刻提醒自己别忘记重要的事情。坏处是，当我们有很多事项要处理，但是又没处理时，做其中任何一项事时，都会身不由己地陷入分心状态。这样会导致我们可能工作了30分钟，其中断断续续分心的时间就有10分钟。

我们很难有沉浸其中的体验。分心，会大大降低效率。

破解的办法就是把它们写下来，记录为今日计划。

今日计划的制定能帮助我们终结对未完成事项的过度关注，让效率产能最大化，帮助自己创造沉浸式工作的美好体验。

当我们每天都能拥有2个小时左右的深度工作状态时，那么，每一天我们都能拥有高效率的工作状态。

其次，记录每日时间账单能主动设定我们的关注焦点。

大脑天生会部署放在不同事情上的注意力。认知心理学家称之为"选择性注意"。大脑中的无意识系统通常会把注意力优先放在看起来重要的事情上，其他事情则会暂时忽略。

这样做能让大脑非常高效地处理真正重要的事情，减轻运行负担。换句话说，我们设定了什么是无意识系统的首要事项，无意识系统就会如己所愿地关注什么。而其他事情，则会被默认为可过滤的事项。

这有点像给自己设定了一个自动化程序。一旦碰到自己想关注的，程序就会自动开启，注意力就会被俘获。

这里要注意的是，我们想要关注的，经常发生在无意识状态下。比如，有研究发现，在识字测验中，饥饿的人总是更容易辨认出和食物有关的单词。

这意味着，如果我们不主动设定要关注的事物，注意力就很容易被自己潜在的需求，或者一些莫名的东西掌控，导致我们根本没能力沉浸在需要做的事项之中。

每天记录时间账单，从今日计划到具体的事务用时、账单统计，都在一直设定、修正着我们的关注焦点。

有了今日计划，我们就能基本划定当天需要关注的重点范围，同时，避免陷入浮浅任务中而不自知。接下来，记录具体用时可以让我们简单盘点一下做完的事情，规划要做的下一件事，再次聚焦注意力。一天结束时的账单统计是一次简单的复盘，也是注意力的一次回归。

今日账单的记录，本质上是对注意力的一种主动掌控。我们不再遵循自动化程序，依从惯性工作和生活。我们真正成了自己的主人。

管理好时间，从小尺度的"天"开始。减少分心，实现注意力聚焦，深度工作状态一定会越来越多。我们的每一天都将价值最大化。

这个世界上有很多朴实的道理，比如，管理好每一天，何愁过不好这一生？而管理每一天的方式并不复杂，你只需要通过记录每日账单，开启一天的沉浸式体验即可。

2. 制作每周账单,提升统筹安排能力

华罗庚在《统筹方法平话及补充》一文中写道:

"统筹方法,是一种为生产建设服务的数学方法。它的实用范围极为广泛,在国防、在工业的生产管理中和关系复杂的科研项目的组织与管理中,皆可应用。 比如,想泡壶茶喝。当时的情况是:开水没有。开水壶要洗,茶壶茶杯要洗;火已升了,茶叶也有了。怎么办?办法甲:洗好开水壶,灌上凉水,放在火上;在等待水开的时候,洗茶壶、洗茶杯、拿茶叶;等水开了,泡茶喝。办法乙:先做好一些准备工作,洗开水壶,洗壶杯,拿茶叶;一切就绪,灌水烧水;坐待水开了,泡茶喝。办法丙:洗净开水壶,灌上凉水,放在火上;坐待水开,开了之后急急忙忙找茶叶,洗壶杯,泡茶喝。哪一种办法省时间?谁都能一眼看出,第一种办法好,因为后二种办法都'窝了工'"。

华罗庚在这篇文章中解释什么是统筹方法时,所举的例子是关于时间方面的统筹,不同的方法会导致最终使用的时间不同,即效率不同。

从一周的尺度来说,我们在管理时间时,最重要的一件事便是做好统筹安排,使一周的效率达到最大化。通过周账单,我们可以将统筹安排做到最佳。

我把统筹安排的内容分成了两大类：第一类为**任务统筹**；第二类为**精力统筹**。

任务统筹

在做任务统筹之前，我们需要先学会把一周作为一个整体的单元对待。很多人只习惯一天一天地过日子，根本没学会一周一周地过日子。这两者有什么区别呢？

首先，以"天"为视角，一年365天；以"周"为视角，一年52周。时间的量感截然不同。想到一年365天，我们会产生时间非常富裕的感觉，可以优哉游哉、肆意浪费。想到一年52周，我们就会产生紧迫感，意识到自己拥有的时间并没有那么多。

其次，一天一天去看，我们可能想到的都是琐碎之事，安排任务时容易只关注一件一件的单个事情；一周一周去看，我们会切换到"俯瞰性"视角，更关注需要耗费一周以上时间完成的大任务。

紧迫感与关注点的变化是我们实现任务统筹的基础。实现任务统筹的工具：周账单中的周计划和周复盘。

周计划主要是对月计划的统筹。

确定月计划后，我们需要把任务量按周做好统筹分配。比如，当月确定要读6本书，那我们每周至少需要读1.5本。

注意，在拆分月计划时，不要把任务量平均分配到每周。因为每周的忙碌程度不同,一旦平均分配,在某些周很可能无法完成既定任务量,最终导致整个月计划失败。

假如时间充裕,最好在前两周各完成整体任务量的60%左右。这样在剩下的时间里你不会有紧迫感。即使有突发情况,我们也有足够的时间完成剩余40%的任务量。

做好月计划的统筹安排后,接下来,我们需要把周任务以天为单位拆解。拆解的原则同上,最好在前三天完成周任务的60%左右。

在统筹安排周任务时,注意遵循"冗余原则"。在第二章我提到,当天任务不得超过当天有效时间的60%;已安排完毕的固定周任务总量,则不得超过当周有效时间的40%。时间尺度越大,预留的冗余时间应该更多,才能有效应对当周的突发事件。

周计划除需统筹执行月计划外,还需统筹安排当周的任务。统筹安排的逻辑同上。

在刚开始进行统筹安排时,我们可能会发现偏差较大,可能安排任务过多,也可能安排任务过少。但是,别担心,在记录每日账单的过程中,我们统筹安排的能力也在逐步提升。

在每日账单上,我们会统计各项任务耗费的具体时间。比如,我会统计看哪一本书,用了多长时间;写哪一篇文章,用了多久;完成哪一节课的文字稿,又花了多少时间。通过统计,我逐渐对自己完成某件事情需要多长时间有一个相对准确的估算。

一周到底能安排哪些任务,以及怎么把大任务拆分到每一天。这些都需要以时间预算能力为基础。

举个例子，我接到一篇写稿任务，要写8000字的听书稿。我知道大概用多久能完成，因为平时一直在统计自己的阅读时间，了解读什么书、读多少页大概需要多久。我也持续在统计写作时间，写多少字需要多久，改稿需要多久，我也很清楚。整个任务，需要花费的总时间通常是20个小时。根据任务耗时，我每天大概需要2个小时持续推进任务。10天时间，任务完成。在统筹安排时，我会在前5天完成任务总量的60%。

当我们知道完成各项任务大致需花费多长时间后，即使任务复杂，我们也能做到合理统筹、有条不紊。

精力统筹

以周为一个整体观察精力的变化。通常，周一至周三为精力巅峰期，周四精力出现断崖式下跌，周五、周六基本是无精打采，周日又有所恢复。

如果遵循精力的自然变化，我们会发现每周的任务都很难清零，导致上周任务堆积到下周，下周任务又堆积到再下一周，循环往复。大脑负荷不断加重，堆积如山的任务，单是想想，就让人压力重重。

怎样打破精力的魔咒？关键在于切换到整体视角统筹安排。精力也能统筹管理？的确如此。而且，一旦你做到后，你会发现自己的精力可以每天处于比较稳定的数值。

我们先来了解哪些因素决定了我们的精力是否旺盛。

第一个因素为身体素质，可以称之为精力的基石。身体素质差，很难做到精力充沛，除非有超越常人的意志力、忍耐力。对大部分人而言，身体素质差，基本可以推断精力亦差。

第二个因素是情绪状态。情绪，你可以把它想象为放烟花之前的点火，"砰"一声之前需要一个点燃的动作。没有积极情绪，身体素质再强大，你也没办法"点燃"自己的动力系统。

我们每天的精力，主要由身体素质和情绪状态决定。

如果当天生病，很难有好的精力；如果当天被老板点名批评，这一天大概率无精打采。

时间尺度拉长到一周，道理相同。为什么周一至周三，大部分人有充沛的精力？因为刚度过休息日，身体能量充足，情绪饱满。经过三天的支出，身体、情绪逐渐透支，精力越来越差。

所以，要想统筹好一周内的精力，我们真正需要统筹管理的是身体和情绪。

先来说如何管理好自己的身体。

一定要养成定期运动的习惯。身体素质和是否有运动习惯息息相关。我在养成运动习惯之前经常感觉疲惫，每天工作时间只有4—5小时，每周也只能工作4天左右。定期且长期运动后，通常每天都可以保持精力充沛。

从一周来看，你最好把中高强度运动安排到周中，周三或周四。周三，在精力即将断崖式下跌前，来一次30分钟以上的中高强度有氧运动，疲惫会一扫而空。而且，中高强度有氧运动可让人分泌内啡肽，有助于改善情绪。这样，到了周四和周五，你的精力才会一如既往地充沛。建议第二次运动和第一次运动间隔2—3天，比如，第一次安排在周三，第二次应该安排至周五或周六。第二次的中高强度有氧运动会影响下一周的整体精力。

除一周两次的中高强度有氧运动外，建议每周安排1次器械、1次拉伸训练。器械练习能让肌肉变得更强壮。要知道，不管你是坐着还是站着，都需要肌肉力量支撑身体。肌肉无力，人就很容易疲惫。拉伸性训练帮助你彻底放松肌肉，对于白领人群来说，能避免久坐带来的肌肉劳损。

另外，你需要注意一些细节。比如，每次坐着的时间不要超过半小时。每隔半小时，站起来走动5分钟左右，做一些微运动。如果你经常需要持续坐2个小时以上，一旦可以起身，尽量让自己活动20分钟以上。我的工作便是如此，每次开庭通常都在2个小时以上，起身后我会尽可能多活动身体。

管理好身体这个硬件设备后，我们再管理软件设备即情绪状态。

比起身体，情绪的管理难度显然更大。但是，如果不管理好情绪，会经常性地遭遇"精力危机"。

什么是情绪？传统的情绪观认为，人的大脑是感觉输入的消极接受者，外界的刺激会激发我们内在的情绪反应。神经科学家莉莎·费德曼·巴瑞特博士认为，情绪并非大脑的被动反应，大脑是情绪的积极构建者。它通过具体的概念分类，构建不同分类下的情绪体验。

每周，你都可以试着创建新的情绪词汇、新的情绪概念，可以更加准确地描述自己的独特情绪。此时，你的情绪粒度会更高。

情绪粒度，指一个人情绪概念、情绪词汇的丰富程度。如果一个人能用更丰富的词汇，比如30个，表达自己各种具体情绪，那他的情绪粒度相对就比较高。而另一个人，只能用10个情绪词汇表达自己的感受，那他的情绪粒度相对就比较低。

情绪粒度高的人，往往对自己情绪有更敏锐的觉察力，情绪也更积极、更昂扬。很多时候，你之所以苦闷、抑郁，是因为对自己情绪的茫然无知，导致了郁结。

当你情绪粒度高的时候，你就是一个情绪专家，能够准确描述自己体验到的各种情绪。这样你就更容易做出灵活有用的反应，更好地调整自己的行为，从而更加适应周围的环境。

每周对自己的情绪进行一次梳理、复盘，看看是否需要重新分类和解释。

你可以把部分感受解释为单纯的生理感觉。比如，将焦虑感解释为快速的心跳。当你解释成生理感觉后，会改变自己对这种感觉的态度，我们对生理感觉更容易放手。美国的一项研究发现，如果考生能重新分类自己的焦虑，把它们仅仅看成一种单纯的生理特征，往往更容易得到较高的分数。

你可以把困扰自己的某种特定情绪赋予特殊的解释。比如，工作中，老板经常施压，在无法改变老板的情况下，你把这种压力视作一种独特的锤炼，或发现问题的动力，或成长的契机。将情绪赋予意义、给予新的解释，可以改变自己的对某种情绪的特定感受，从而解脱。

每个人都应该做好情绪管理。稳定的情绪能提供源源不断的"内力"，帮助你保持充沛的精力。

万维钢说："所谓系统，关键就在于它不仅仅是一大堆东西在一起，而必须是这些东西之间存在强烈的关联。你把其中一个东西弄得再明白也没用——你必须厘清各个东西之间的关系，才能解决系统的问题。"

如果我们把一周视作一个系统去做时间管理，就务必要明白，任何系统的效率提升都取决于系统内要素之间的关系改变。

无论是任务统筹，还是精力统筹，根本的着眼点都是"改变关系"。任务和任务之间会抢占时间资源，做好统筹可以改变任务之间的关系；身体素质、情绪状态会影响精力，做好统筹可以改变身体、情绪与精力之间的关系。

要素之间形成正向循环，系统就一定会变得更好。

3. 制作月账单，轻轻松松养成好习惯

关于意志力的作用，我们早已达成了一种共识：人的行为由意志力决定。一个人能不能成功控制自己的欲望、能不能按照既定想法做成一件事、能不能顺利培养一个好习惯，诸如此类的事情，我们都归功于意志力的作用。依照这个共识来看，意志力薄弱的人，则一事无成；意志力强大的人，则永不失败。

其实，这不过是共同编织的"意志力陷阱"。

美国心理学家温迪·伍德认为，行为背后更强大的驱动因素是习惯，而非意志力。温迪·伍德对5000多名受试者行为研究后发现，偶然的、一次性的行为，依靠的才是有意识的决策，即意志力；而重复发生的行为，背后的驱动力是习惯。也就是说，决定人们能不能几十年如一日坚持下去的力量，其实是习惯，而非意志力。

这就意味着，一个人能不能积极主动地培养一个又一个的好习惯，决定了做事能否"坚持到底"。

习惯培养的科学原理

新习惯的培养，涉及大脑的两个区域：基底核和新皮质。基底核负责系统一的工作内容，不需要分析推理，依靠本能就能执行某一个任务。新皮质负责比较复杂的思维活动，会计算、逻辑推理、分析等，这些都是大脑系统二的工作内容。

在培养习惯的过程中，这两个大脑部位的分工是新皮质先做一件事，等做熟练了，熟练到已经条件反射的程度，就把这件事情彻底转交给基底核。

但是，一个行为要熟练到条件反射的程度就必须不断重复。行为的多次重复便是培养习惯的秘密武器。多次重复后，你在执行该行为时不再需要思考。就像每天刷牙，完全是自动化的行为。

行为重复多少次才能形成一个新习惯？我们之前最常听到的是"21天培养一个新习惯"。21天是否是一个靠谱的数字？

在一项研究中，研究人员招募了96名学生，进行为期3个月的研究。每个学生都需要培养一个自己想终身坚持的健康习惯。研究发现，吃健康食物的习惯，大概需要重复65天；喝健康饮料的习惯，大概需要重复59天；运动锻炼的习惯，大概需要重复91天。

不同的习惯，需要重复的次数不同。新习惯需要个人付出的努力越多，对应需要重复的次数也一定会更多。比如，要培养每天早上吃菠菜鸡蛋饼的习惯，你只需要准备食材再完成烹制。但是，如果要养成每天健身20分钟的习惯，需要付出的努力就变多了，每次健身前器材、服装要准备好，情绪、身体状态要调整好，在健身的过程中，还需要付出汗水。所以，前一个习惯重复60天左右可以形成，而后一个习惯至少得90天。

从我的经验来看，培养健身习惯可能不止需要90天左右。假如你过去根本没有多少运动经验，也许需要耗费180天以上的时间，才能最终形成习惯。培养习惯需要重复的次数往往因人而异，所以我们要管理好心理预期。

如果新习惯更复杂，就需要付出更多的努力，我们可能会花90天以上的时间。

记录时间账单，有助于行为的大量重复

培养新习惯，秘密武器是大量重复同一行为。那什么有助于我们重复行为呢？答案是持续记录时间账单。

时间账单上有活动的记录，比如，看某本书花了1个小时。记录一段时间后，使用的工具会成为一个新习惯的线索，只要看到，就能触发我们去做这件事。

除线索外，我们在记录中会把行为具体化，降低执行难度。比如，每次开始做一件事情之前，我会给自己一个大致的时间预算；准备看《人生模式：识别并优化你的核心认知》之前，我会写清楚开始看的时间，也会预算即将阅读多久，可能是30分钟。接下来，我需要做的只是开始执行这一个小小的计划。既知道要

看什么书，也知道要看多久。读书这件抽象的事情有了很具体的完成方式后，启动成本变得极低。

记录时间账单时，我们有了线索，有了具体行为方式，还会频繁收获奖赏。

只有记录下来，知道自己花了多长时间做了一件有价值的事情，你才会感受到愉悦。因为，你能清楚地看到自己赋予了时间怎样的价值。这是一件极其有成就感的事情。

这是我在记录中的一个深刻体会，记录即奖赏。简单又神奇，你只要动动笔，就能给自己奖赏。

月账单与习惯培养

每日账单能帮助你降低执行行为的难度，月账单则是从一个较为宏观的层面把控习惯的培养。

月账单分为两个部分：本月计划和本月时间统计。

在制定本月计划时，我们要把目光聚焦于习惯培养。首先关注本月要培养哪个新习惯，及具体的培养计划。其次，上个月或上上个月启动的新习惯，截至本月习惯养成情况如何？需要如何继续巩固？

我给大家举个具体的例子。比如，小张计划于2023年3月开始培养阅读习惯。他在3月1日撰写月账单的本月计划部分，内容可为2023年3月1日起，启动阅读习惯的培养。鉴于过去无阅读经验，且阅读本身较为复杂，需耗费大量认知资源完成，所

以，预计阅读习惯的养成需180天左右。具体培养计划：本月每天早上8点上班前，阅读15分钟，阅读书籍为《人生模式：识别并优化你的核心认知》和《高效能人士的七个习惯》。小张也可以将阅读时间改为阅读数量，如每天早上8点上班前，阅读10页。

月账单还有另外一个重要内容，即"时间统计"。在每日账单文章中，我列举了经常性的事务：阅读、写作、视听学习、运动、与朋友家人聚会、微信聊天、处理各类事务性工作、参加线下活动、陪伴孩子、看电影、旅行、刷视频类App、购物、通勤、睡眠等，我们需要每天记录各类事务所花费的时间总量。

在月账单中做时间统计时，需要先将各项事务进行分类。分类如下：①个人成长：阅读、写作、视听学习、运动等；②工作事务：全部本职工作、通勤时间等；③休闲娱乐：看电影、旅行、刷视频类App、购物、睡眠等；④亲子陪伴：亲子共读、户外活动、带孩子上课、参加家长会等所有与孩子相关的事务；⑤社交互动：微信聊天、与朋友家人线下聚会等。分类是为了对时间支出形成宏观认知。

完成分类，将对应的时间总量汇总后统计到账单中。此时，要特别关注新习惯投入的时间总量。

举个例子，小张于2023年3月开始培养阅读习惯，在月底做统计时，要特别关注阅读时间共计多少。原计划为每天15分钟，是否做到了？总时间超出还是不足？这些观察将有助于我们对自己培养习惯的成效进行准确评价。如本次培养新习惯失败，我们也可以依据数据分析，可能发现时间总量上远远不足，便可知道此次培养计划为何夭折。也可能分析后发现，时间总量上没有问题，是其他原因导致了失败。如果成功培养了一个新习惯，我们从时间总量数据上，就能分析出某个习惯大致需要花费多久的时间。经过长期的观察分析，我们在培养新习惯时，就会有更科学、更合理的预测和分析。

2023年4月1日，小张在制定本月计划时，先分析了阅读习惯的培养情况，发现新习惯已初步形成，很多次自己都不需要定闹铃提醒就会自动阅读了。但是，小张意识到，阅读习惯只是初步形成，因为他发现一旦更换到其他时间，阅读状态就会很差。接着，小张在月计划中加大了阅读时间的分配，计划每天阅读30分钟，早上15分钟，晚上15分钟，以便强化新习惯。除了阅读习惯，小张本月不再增加其他新习惯。

我们在培养习惯时，也应该向小张学习，为培养高难度的新习惯付出更久的时间。在一个高难度习惯养成的初期阶段，如果你增加其他新习惯，可能会导致自身负担过重，最终两个习惯的培养都以失败告终。

道光二十年六月初七年（1840年），曾国藩开始每天写日记，一直写到同治十一年（1872年）他去世当天的早上，共坚持30余年。

几十年来，这个强大的习惯帮助曾国藩改掉不少坏毛病，比如抽烟，比如他所痛恨的"好色"等。

其实，养成一个好习惯不只能帮助你坚持做成一件事，更是达成自己的目标、实现自我的一个理想抓手。"涓涓细流汇成海、点点纤尘积成山"，好习惯终将创造奇迹。

4. 制作年度账单，彻底改变你的生命体验

尼采说："知道为什么而活的人，便能生存。"

生命的意义于我们而言就是这样的存在。当你触摸到，或者只是隐隐窥见自己活着的意义，你便能好好地活下去。假如你感觉自己的生命毫无意义，生存的活力会瞬间消失。

生命的意义不只是让我们认真地活下去，它也会激励我们做出超越自我的壮举。

电影《集结号》里的主人公连长谷子地，在战争结束后和大部队失去了联系。自己当年率领的整个连队也成了失踪部队。

活下来的谷子地，生命的全部意义在于给自己的兄弟们一个交代。他无法接受自己的47名兄弟就这样不明不白地牺牲了。

当谷子地回到当时血战的场地时，却发现这里已经成了煤矿开采地。没人相信这里曾经是战场，更没人相信地底下埋着谷子地的兄弟们。

谷子地开始一个人挖这座山一样高的煤矿。

他衣衫褴褛却浑然不觉，所吃所住都是最低配置，神情却无比专注执着，日复一日，不知疲倦。

找到兄弟们的尸骨是他的精神支柱，驱动他做出了超越自身极限的壮举。

当然，我们普通人遇到为不朽的事业做出无畏牺牲的机会不多，但是，我们需要清楚地意识到，假如你为自己的生命赋予了意义，你的一生将拥有最高质量的体验，生命潜能也将得到最大限度的激发。

制作年度账单，会帮助我们找到生命的意义。

制作年度账单，实现与自我的共鸣

《思维的囚徒》的两位作者，对意义给出的定义："与自己核心本质或真实本性达成的共鸣"。

什么是自己的核心本质或真实本性？每个人都有关于自我的图式。这个图式是自己在经年累月和环境的互动中形成的。自我图式，也就是我们大脑中关于自我的全部认识，即代表了我们的真实本性、核心本质。

当你在做或者即将要做的某件事，和你的自我图式吻合时，你会体验到一种和自己本性的一致性、共鸣感。

所以，生命的意义的本质，和自我图式一致。

意义，其实也是在回答"为什么"，也就是对人存在价值的一种关注。

在做某事时，我们希望看到这件事的价值，知道自己为什么要做这件事。就算我们回到过去或者看向未来时也是一样的，曾经做过的那些事，我们渴求为这些事赋予某种价值。未来还没做

的事，我们也希望知道会有什么样的价值。

而你所需求的价值，本身必须和你的自我图式一致。只有感受到二者的和谐，这些价值对你来说才有"意义"。

我们来总结一下，意义实际上就是一个人在寻找、发现，甚至创造与自我图式一致的价值。

我们还可以把价值再分为两个维度，一个维度是与自我有关的价值，另一个维度是与他人、社会有关的价值。

与自我有关的价值，包括个人的心理成长、技能提升、道德完善等。与他人、社会有关的价值，包括对他人的帮助、对社会的奉献等。

一个人在做事时，如果能够体验到个人的成长、道德的完善，或者认为自己向他人提供了帮助，有利于社会的发展等，那么，他就找到了自己生存的意义。

日复一日地时间账单记录，背后是上万次的抉择。我们在不断地判断和决定自己要将时间投资在哪些事情上，抗拒和断然拒绝的又是哪些事情。在做哪些事情时，我们感到心流常在，时间飞驰而过；又是在做哪些事情时，我们感到苦涩无奈，而时间则像一帧一帧的慢镜头。自我图式就是这样逐渐形成的。

我在几年不间断的记录后，对自我的认识越来越清晰、深刻。我最基础的自我图式是成长。实现自我成长的所有时刻，均为我生命中的辉煌时刻，在这些时刻，我能体验到和自己本性的共鸣。

在每一年的最后一天，当我们把这一年在每一类事情上投入的时间进行统计、汇总后，你能清晰看到自己的成长、道德的完善，能看到自己对他人所付出的帮助、为社会所创造的价值。更重要的是，这种价值与你的自我图式之间实现了完美的一致。

制作年度账单，改变叙事自我

赫拉利在《未来简史》里提到，人有"体验自我"和"叙事自我"。体验自我和叙事自我在评价一件事情的时候，会从完全不同角度出发。

体验自我，是我们在当下的每时每刻的一种即时感受。

叙事自我，关注的不是当下的感受，而是自己改编后的感受。

比方说，你出去旅行，大部分时间都在无聊地等待、排队，还和导游有了点小冲突。但是，在看到美景时，你被震撼了。旅行结束时，导游的态度也非常好。最终，你对整段经历的评价会非常棒，认为自己度过了一段美好的时光。你被峰值和结束时的体验征服了。

而实际情况是，你的体验自我经历了多次的不愉快。

每个人活着，看起来似乎是体验自我的及时感受更频繁，也更重要。事实是，最终决定我们整体感觉的却是爱讲故事的叙事自我。

你的叙事自我，负责做出一个总结性的整体评价。这个评价，依赖的是你在事情终结时的体验。

体验自我的那些琐碎感受，会被叙事自我抛诸脑后。

如果你的生活失去意义，不管你的体验自我多愉悦，叙事自

我都会认为无聊、空虚。因为叙事自我没办法找到峰值体验。

对意义的追求，从某种程度上说，是我们叙事自我的渴求。

赋予意义的时刻，决定了叙事自我会如何评价整段经历，甚至是人生。

一年365天，对于每一天的体验，决定自己感受的是体验自我。在这一年，我们可能经历过很多不愉快的事情，多次掩面而泣，甚至也曾经历举步维艰的至暗时刻。在当时、那一刻，体验自我左右着我们的感受。如果任由体验自我掌控自己的感受，我们就很难整合自己的人生经历，从而创造出一以贯之的意义。

而年度时间账单，能帮助我们整合自己的人生经历。当你坐在电脑前，统计这一年的时间开支并汇总数据时，你的叙事自我此时会登录上线。接着，你会为这一年做出一个整体性的评价，并赋予特殊意义，也会根据总账单的数据讲述这一年的故事。

每年我在汇总自己当年的数据时，叙事自我都会为我创造这一年的峰值体验。因为，我发现自己在有价值的事情上投入了如此多的时间，做成了那么多的事，再一次实现了自我的成长、飞跃。无论这一年经历了多少不愉快的事情，我都不会放在心上。我最终记住的，是看着年度总账单总结出的这一年的成功。

比如，在2021年时，从体验自我的角度而言，这是我特别艰难的一年，我刚刚再次进入职场，是一名年龄已超35岁的职场新人。我需要重新开始，要学的不只是专业知识，还有看不懂的人情世故，以及适应高强度的工作。但到最后汇总年度账单时，我意识到这一年是整个生命中最重要的转折之年，在新职场生活如此艰难的情况下，我竟然见缝插针地完成了时间管理课程的完整创作。这一年的故事，叙事自我会用这一句话来总结："杀不死我的，必将使我更强大。"

年度账单，帮助我们应对意义危机

在什么情况下，人最容易遭遇意义危机？

你会发现，最容易发生意义危机的时刻，一般会在迷茫期、生活或者工作发生重大挫折时，以及遭遇苦难时。

在这三种情况下，人最可能陷入"生存之挫折"。你看不到自己生存于世的价值，看不到生活本身的意义，也看不到未来的方向。

现在，我们通过分析把问题切换到一个具体的场景下：在迷茫期、挫折期、苦难期，我们如何找到生命的意义？

答案其实很简单，那就是持续行动、行动、再行动。

人类有负面偏好，会下意识地更关注消极的信息，忽略积极的信息。当你处于迷茫期、挫折期、苦难期时，这种倾向会更加严重。你会把注意力主要集中在消极面，这会进一步加剧你内心的迷茫感、挫折感、苦难感。所以，想发现生命的价值和意义，最需要做的是让自己从本能中走出来，去关注积极面。当你处于持续不断的行动过程中时，关注焦点会自动聚焦于行动所带来的积极价值。一段时间后，你可能就彻底从"生存之挫折"中摆脱了。

我分享一下自己的真实经历。我曾经经历过很长时间的迷茫期。在那段时间里，我根本不知道接下来自己应该走向哪一个方向，更不知道自己生命的价值是什么。值得庆幸的是，不管状态多差，我都没有停止每天记录账单。一天天地记录自己的阅读时间、写作时间等。在记录中，我会关注这些行动所带来的积极价值，比如阅读，帮助我高频体验心流时刻，帮助我拥有了更多元可变的视角，帮助我的精神变得更加丰富……当我关注这些行动的积极价值时，内在状态会不断改变。慢慢地，我走出了迷茫期，再次找到了方向。

另外，当你每年最后一天回首这一整年的时间账单，以及汇总出年度时间统计后，你会意识到，自己没有虚度每一天；你会意识到，自己在不知不觉中已经走了很远。此时，叙事自我所讲述的故事，给出的总体性评价，会让你获得强烈的成就感。看起来毫无意义的当下会重获意义，你也会再次看到前方的曙光。

若你的关注点经常聚焦于积极面，天长日久，这会变成一种反本能的倾向。你会比别人更少经历"生存之挫折"。

每年的12月31日，我最喜欢做的第一件事情，是把一整年每一天的账单汇总到一个文档里，先是第一次从头快速翻到尾，接着第二次细细看一遍。

每年的12月31日，我最喜欢做的第二件事情，是根据月度账单里的时间统计，汇总出年度时间统计。此时的我，像一名会计，敲着计算器，不允许自己算错任何一个项目，算完还要再复核一次。

如果不记录时间账单，如果不进行数据汇总，我永远不知道，自己在这一年里竟然做了这么多有价值的事情。那一刻的感觉很奇妙，就像自己过去一年的人生变得具象化了。而且，莫测的人生似乎也变得可衡量、可预测、可掌控。我知道，只要在时间数据上进行调整，人生就会发生实实在在的变化。

其实，人生的意义是一个哲学话题。对于不同的人，人生的意义会大不同，而且在不同的人生阶段，我们可能会给出完全不同的答案。

不过，好在人生的终极意义到底是什么，其实并不重要。重要的是，我们始终走在追寻、探求终极意义的人生之路上。

从这个角度看，我们完全可以把年度账单视作一个"利器"，帮助我们形成自我图式，找到与自我共鸣的价值感；帮助我们的叙事自我，讲述一个有意义的故事；也帮助我们聚焦于行动带来的积极价值，从而走出"意义危机"。

最终，我们能够始终走在追寻、探求终极意义的人生之路上。这样的生命，本身就充满了意义。

成为时间管理高手
高效能人士都在用的"神奇账本"

5. 形成账单系统,做自己人生的设计师

从第一天记录时间账单之日起,我们正在形成一套独特的、专属于自己的账单系统。

每日账单,详细记录了每天的时间开支;每周账单,有一周的时间数据汇总,有事务的统筹管理;每月账单,除当月的时间数据汇总外,清晰记录了养成某个好习惯的单独时间数据。年度账单,既有年度时间数据的汇总,更有对人生意义的追寻与探求。日积月累,以上数据会形成一个数据库,即"账单系统"。

记录者不同,账单系统的具体内容便千差万别。所以,账单系统是独特的、专属性极强的。

我们换个角度理解,其实是不同的账单系统可以培育出不同的记录者。从这个视角解释,我们便能意识到,关于自己的人生,我们可以通过账单系统主动设计。不同的设计方案,就是截然不同的人生走向。

设计可以分为三个尺度:微观尺度、中观尺度和宏观尺度。从这三个尺度设计自己的账单系统,我们将成为自己人生的高阶设计师。

 微观尺度：调整事件用时

每天的时间开支记录属于账单系统的微观尺度。

在每日账单中，我们会记录做某件事情的起止时间、共计用时，会在一天结束前汇总统计不同事项的时间开支。

从微观尺度上设计我们的人生，其实就是改变上述数据。

先来说改变具体事情的用时。

每个人每天拥有的时间总量差别很小。大部分成年人早上7点左右起床，晚上11点左右熄灯睡觉，时间总量共计16个小时。有人早起一个小时左右，有人可能晚睡一个小时左右。总体而言，普通人每天拥有的时间总量均在16个小时左右，即便睡眠时间再短，当天拥有的时间总量也不可能超过20个小时。

这意味着什么？时间对每个人都是公平的。时间的使用方式才是人和人之间真正的区别所在。

每个人的人生都由点滴行动汇聚而成。从账单系统来看，就是事件上的时间支出数据。

举个例子，小王和小张是同一个学校同一个专业毕业的研究生，他们的家庭背景也相似，都是普通人家。毕业后，他们去了同一家公司的同一个部门工作，小张每天花1个小时阅读、30分钟写作、20分钟跑步。三年之后，小张知识广博、出口成章，且身体健康，能承受高强度的学习与工作。而小王，每天花1个小时聊微信、1个小时刷视频、1个小时打牌。三年之后，小王

视力严重下降,且因打牌长期久坐有了腰椎类疾病。两个人,同一个节点、同一个基础,命运却逐渐不同。这就是改变具体事件时间支出数据的意义。

不同的人把时间花在不同的地方,短期内可能看不出人与人之间的差距。只要超过三年五载,他们彼此间的差距将再难缩小。

所以,设计自己的人生,要先学会判断哪些事件上应多支出时间、哪些事件上应减少时间开支、哪些事件上拒绝投入时间。

你的时间用在哪里,方向就在何处。

微观尺度上的设计,还包括时间开支比例的调整。

我们需要关注每日账单中不同事项耗时数据的比例。我每天都会统计的事项包括阅读时间、运动时间、法律工作时间、通勤时间、线上通信时间、刷视频及购物时间,这六大事项基本每天都在发生,它们之间的数据比例能快速反映我在时间投入上存在的问题。

拿我自己某一天的时间账单来举例。2023年某月某日,阅读时间30分钟、运动时间30分钟、法律工作时间3小时、通勤时间5小时,线上通信时间30分钟、刷视频及购物时间30分钟。上述事项总用时10个小时,其中通勤时间比例为50%,法律工作时间比例为30%,阅读时间、运动时间等比例均为5%左右。

我会询问自己,今日时间支出比例是否合理?以上时间支出数据,明显通勤时间过高。该支出比例是否需要调整?如果需要调整,应该采用什么方法?如果这个数据比例是偶然事件,可以忽略不计;如果这个数据比例是常态,我们就要找到问题并着手调整。

通过监测每天的数据比例，我们能及时发现问题，及时调整，让时间支出数据与我们的整体人生目标更加契合。

中观尺度：改变分类和调整比值

中观尺度的设计，包括改变事件分类、类目事件多元化和调整数据比值。

在每日账单中，我们需要详细记录不同事件花费的具体时间，每天进行汇总统计；在每月账单中，我们需要按类型完成时间统计，进行分类汇总。

首先，检视事件分类，进行增删修改。

事件分类主要有五大类：个人成长、工作事务、休闲娱乐、亲子陪伴、社交互动（该分类参照文章《制作月度账单，轻轻松松养成好习惯》）。工作事务、休闲娱乐、社交互动属于普通人的标准配置，很多人可能会缺失个人成长类目。事实上个人成长类目最为重要，决定了一个人长久的走向。如果没有，要尽快加进来。亲子陪伴取决于是否已经生育，对不少人来说，可能需要自己多陪伴老人。

这是第一层的检视，重在分类上的"查漏补缺"。

接下来，检视分类项下的事件，确认是否存在单一化问题。

比如，休闲娱乐类目下，很多工作繁忙人士可能除了偶尔刷刷视频，几乎无任何其他活动；对于有些人来说，可能社交互动主要集中在线上通信，线下面对面的沟通时间近乎为0；有些人的个人成长类目下只有运动，没有或者偶尔进行阅读、写作等项目。任何一个类目下，单一化都是值得警惕的问题。

这是第二层的检视，重在类目事件的"多元化"。

完成上述检视后，我们需要以月为单位，了解和调整五大类目之间的数据比值。

我以自己2022年某月的数据为例来说明如何调整。2022年4月，个人成长时间为86个小时、法律工作时间为90个小时、休闲娱乐为60个小时、亲子陪伴时间为50个小时、社交互动时间为40个小时，以上总计326个小时。

从时间统计数据来看，个人成长时间和法律工作时间基本持平，各占26%左右。这个数据与我的总体目标略有偏差，个人成长时间总量需提升。如何提升？在观察具体数据后，我发现主要问题在于写作时间的下降，所以，下一个月，我增加了卡片创作，增加写作时间。该月时间数据汇总后显示，个人成长时间提升至95个小时，占比接近30%。

有时候，我们可能会发现休闲娱乐时间过多；有时候，也可能是亲子陪伴时间过少。五大类目的时间数据统计，能让我们对时间开支进行"结构性调整"。

结构，决定了整体。如果一个人长期的时间支出主要为个人成长类，另外一个人长期的时间支出主要为休闲娱乐类，三年五载，足以让两个人天差地别。

宏观尺度：习惯与意义

阳志平老师在《人生模式：识别并优化你的核心认知》一书中提出"人生周期论"。

人的时间周期可以简化为大中小三类。比如说，你当下思考着抓住时代给你的机遇，这就是大的时间周期问题。而小的时间周期问题，则是那些每天都需要处理的现实问题。比如，今天老板给我布置了一个任务，要求我今天下午5点必须完成。显然，大小时间周期里是完全不同的两类问题。

那中等时间周期是什么呢？比如你在高一的时候很焦虑，因为你刚升入高中，需要重新认识老师、同学，并适应新学校的环境。大一的时候你很焦虑，因为又要面对如何跟陌生人建立关系的问题。刚毕业工作时，同样如此。在中等周期，普通人一般要解决的是社会化和个性化的矛盾。

阳志平老师在《聪明的阅读者：一本书讲透阅读》一书中将人生划分为不同长度的周期，"12年为一个大周期，3年是一个中周期，18个月是一个小周期"。

阳志平老师认为，绝大多数人之所以焦虑是因为纠结于小的周期，而要走出这样的误区，方法是面对越大的时间周期，越要选择稳定的行动。

什么是稳定的行动？阳志平老师给了答案：可以是一个习惯，也可以是一个爱好；习惯和爱好又往往二合一。比如，阅读

是一个人的习惯,也是爱好。因为习惯养成后,往往就会发展成爱好,融入你的生命,成为不可或缺的存在。

所以,我们也可以这样理解:在大周期里,最重要的就是培养习惯。习惯既能对抗焦虑,更能决定人生走向。宏观尺度的人生设计,首先就是好习惯的培养。

怎么培养好习惯?这是月账单的核心目标。在月账单中,我们需要不断设定培养某个好习惯的目标,并持续跟踪相应的时间数据。在长期记录中,我们会掌握一套行之有效的方法,培养一个又一个的好习惯。这些好习惯,会成为人生大周期里的定海神针。

宏观尺度的人生设计,还包括寻找与获得人生的意义。找到了人生的意义,才能支撑一个人在大周期里的稳定行动。

人生的意义是一个人一生的必需品。它将支撑你走过最艰难的路。

年复一年,你所记录的账单系统反馈的正是自己对待生命的独特方式。你不断调整时间账单中的各项数据,长期监测时间的使用方式,主动培养一个又一个的好习惯,不断探寻生命的意义,这就是对自己人生的一种重新设计。

如果你拥有这样的"设计力",人生将永远"乾坤未定"。

第四章 障碍清除

赶走"拦路虎",
让你的时间效能最大化

1. 掌控注意力的关键,是先清空你的大脑

注意力分为两种:主动模式和被动模式。主动模式,是说你可以主动决定把注意力投放到哪里。被动模式,是说在无意识状态下,你的注意力会不知不觉地投放到某件事情、某个东西上。

主动模式,对应"专注状态",比如,你集中注意力写一篇文章,这时候处于专注状态。

被动模式,对应"分心状态"和"发散状态"。分心状态,是指人在专注做某件事情时,突然被别的事物吸引。比如,前一秒在写文章,后一秒听到手机铃声,注意力随即投放到了手机上。发散状态,是指大脑四处漫游,注意力没有明确的聚焦点,很多时候自己也无法准确描述自己到底在想什么。在洗澡、散步、坐车时,我们的注意力就经常处于发散状态。不管是分心状态,还是发散状态,注意力都处于被动模式。

主动模式和被动模式,你可以将它们想象成一个跷跷板的两端。谁的力量强大,谁就能暂时占据上风,成为主导。

我们真正想达到的效果,是让主动模式能"随己所愿",在必要时成为主导模式。

研究发现,成年人集中注意力的上限时间,平均为20分钟。

大多数人很难突破这个极限。20分钟一到，大部分人的注意力会四处飘移，短时间内很难再次专注。

这已经是极好的情形。对很多人来说，其实仅仅是主动保持20分钟的专注状态也难于登天。这也是为什么不少人在时间管理方面下了很多功夫，最终仍然功亏一篑。定再多的计划、再严格的时间表，没有足够的专注力，都不过是一场空。

为什么保持专注如此之难？这和注意力的特点有关。

注意力的特点

注意力的第一个特点：无法长时间保持专注。

任何人的注意力，都无法取之不尽、用之不竭。

你肯定有过这种感受，每次集中注意力做某件事20分钟左右后，大脑就会感到疲惫。一旦疲惫，你就很容易分心。

之所以疲惫，一方面和大脑在专注状态中需要消耗大量葡萄糖有关。更根本的原因，是大脑"天生不擅长持续集中注意力"。

心理学家戴维·巴斯认为，在漫长的进化过程中，人类在解决生存难题时，演化出了一套特有的心理机制和行为模式。

过去主要的生存难题是饮食。怎么解决饮食难题？在狩猎时代，人类选择的解决方案是"狩猎"。狩猎对注意力的集中度要求很高，但是对注意力的持续时间要求并不高。

人类进入农耕时代后，农耕时代的信息量激增，对人类注意力的要求变高。接着，工业时代到来，对人类注意力的要求进一步提高。但是，人类的整个心理机制和行为模式主要形成于狩猎时代。相对于持续时间最长的狩猎时代，农耕时代和工业时代都不过是短短一瞬。所以，经常有人调侃"我们长着石器时代的大脑"。

注意力的第二个特点：关注焦点有限。

在专注状态下，每个人的关注焦点都非常有限。比如，你在认真看书的同时，就不能专心写文章。这是由大脑处理信息的能力决定的。

在同一时间内，大脑每次有意识处理的信息量非常有限，甚至可以说少得可怜。

所以，我们真正集中注意力时，根本不可能像手机、电脑一样，后台同时运营两个或多个同样耗能的程序。

你可能会问了，那为什么很多人可以"一心二用"呢？实际上我们所说的"一心二用"，其中有一项任务是可以在被动状态下完成的。比如，刷牙时听广播。刷牙作为一个习惯性动作，只需要耗费很少的注意力资源。

注意力的第三个特点：注意力很容易受到刺激的影响。

"倒U曲线"，即注意力曲线，从图中可以看出刺激是影响注意力变化的主要因素。刺激为什么会影响人的注意力？究其根源，在于刺激会影响人的生理反应，进而影响人的情绪状态。

刺激水平低的时候，肾上腺素分泌水平也低，人的兴奋水平低。兴奋水平低，人做事情时就提不起兴趣，注意力很难集中。

刺激水平高，肾上腺素分泌水平也高，人的兴奋水平随之升高，情绪状态佳，很容易集中注意力。但是，超过最佳值，兴奋程度太高，人容易心跳加速，变得紧张，或者愤怒、恐惧。不管是紧张还是愤怒状态，我们都很难集中注意力。

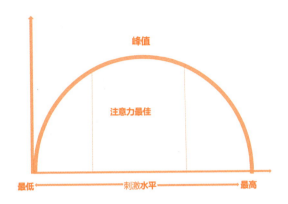

想主动让注意力达到专注状态，需要先了解注意力的特点。接下来提到的大部分方法的核心目标都是为了让刺激保持适中水平，从而让人的注意力达到最佳状态。

清理"分心物"

比起专注，大脑更擅长的是分心。

分心的原因，可以分为内部原因和外部原因。内部原因，即大脑中存在的"分心物"，拽走了注意力。

第一种内部"分心物"：待完成任务。

待完成任务会导致"蔡格尼克效应"。尽管你在做其他事情，注意力却总不由自主跑到那些没完成的事项上。在每天的时间账单中，要将待办事项全部列出来。只有列出来，你才能不惦记，不为此分心。

第二种内部"分心物"：被切换的任务。

每次切换任务后，都会发生"注意力残留"现象，人的注意力大部分仍停留在之前的任务上，继续评估、思考上一个任务。而注意力关注焦点有限，无法同时关注另一个重要目标。

几分钟，或者更长时间后，注意力才会真正聚焦到手头的新任务上。等下次切换，会再次发生同样的情形。研究发现，频繁切换任务会导致工作时间增加50%。

所以，工作和学习时，不要轻易切换任务。来回切换，受到上一次任务的影响，我们很难短时间内进入专注模式，工作效率会大幅降低。

还有其他一些内部"分心物"，比如，刚刚和家人争吵完，或突然想起几年前发生的某件事，也可能是关于"双11"要买什么，这些都可能会导致我们分心。

我们需要做到的是保持"觉察"。当分心时，要像旁观者一样，观察到底是哪些事物导致了自己分心。确认"分心物"后，把它们都记录下来。记录的动作，就是一种心理意义上的断舍离。等你写下来后，效果立竿见影，注意力不再会频繁跳到"分心物"上了。

拒绝分心，从清除内部分心物开始，但也不能低估外部"分心物"的威胁。

有哪些外部"分心物"？排名第一的，毫无疑问是手机。曾有人研究发现，中国人平均10分钟会查看一次手机。

对大部分人来说，不到10分钟可能就会点一次手机。从我对自己的观察来看，如果手机放在触手可及的位置，我大概会在5分钟左右就拿起手机随便刷十几秒，然后再放下。为什么要拿起来？很多时候仅仅为了满足心瘾，觉得只有点一下才能了无牵挂。有些时候可就没这么简单了，会被各种App吸引，一刷就是好久。

国外有一项研究是观察咖啡馆中交谈甚欢的顾客，研究人员发现只要手机在跟前，顾客们每隔3—5分钟就会拿起来看一看。这个动作和手机有没有响铃、有没有消息提示音都毫无关系。

毫不夸张地说，只要手机在身旁，我们就很难集中注意力，随时会把注意力转移到手机上。

要进入并保持专注模式，最先要清理的一个外部"分心物"就是手机。

现在很流行的一个工具是"手机监狱"。当你学习、工作时，把手机放进这个盒子里。之后除非暴力开启，否则在你自己设定的时间里，盒子根本打不开。到了约定的时间，手机才会"刑满释放"，被从"监狱"里放出来。

我通常采用的方法是把手机放在远离自己的位置。比如，我在书房写文章时，就把手机放在隔壁卧室抽屉里，或放在厨房里；我在办公室工作时，经常会把手机锁进柜子里。对于我这种懒人来说，这种方法已经够用了。

你也可以选择另外一种方法：使用两个手机，一个是工作机，一个是娱乐机。娱乐机定时开启，工作机随身携带。一定要确保工作机上没有任何娱乐App，连新闻App也不要安装。因为很多人会花费很多时间看新闻。切记，与工作、学习无关的App，统统拒绝安装。

对很多人来说，能把手机管理好，专注力的问题就已经解决一半了。

还有哪些外部"分心物"呢？其他外部分心物，可能就因人而异了，比如电视机、游戏机、零食等等。列出影响自己的"分心物"清单，一个一个处理。如果你经常因为电视机分心，不妨换到没有电视机的空间学习、工作；如果你经常因为游戏机分心，建议直接锁起来，除了特定时间，不要打开它；如果你因为零食分心，就把零食放到视线之外的地方，或干脆不买。

从内到外，清理一遍"分心物"，你会发现自己专注的时间增加了。原来10分钟，现在可能增加到了20分钟。

调整难度

除了"分心物"的清理，还要让刺激水平适中，更重要的是调整任务难度。任务过于简单，我们会提不起兴趣。任务过难，我们会因畏难而退缩。任务难度适度，和我们的能力匹配，才能最大程度让我们集中注意力。

问题在于，工作中，我们很多时候对任务没有选择权。领导分配给我们什么任务，我们就得完成它。有一些任务太难，有一些任务又太简单。任务和能力恰好匹配的情况，可能不会太多。

这种时候，我们怎么办？对于太难的任务，你可以采用任务拆分法，把大任务拆分成3—7个子任务。每个子任务下面，再拆分出3—7个第三级任务。完成拆分后，挑选自己能在短时间内完成的一些第三级任务。一旦启动，整个大任务的难度会不断降低。因为在完成小任务的路上，你的能力会不断提升。

前段时间，我在写法律意见书时就启用了这种方法。这个大任务被我拆分成了查法规、查判例、查政府规范性文件、分析问题、套用模板写出初稿、修改定稿这六个子任务。子任务下继续拆分，比如，查法条下面，子任务为查刑法、查民法典、查其他法规。我从查自己熟悉的刑法和民法典开始，逐渐启动了整个大任务。在查阅法规的过程中，我对整个任务的理解也越来越深刻了。

总之，碰到高难度任务，"拆"就对了。

任务过于简单，又该怎么办？我们可以主动增加任务的难度。比如，改变过往使用的常规方法，或者使用新工具，或者对任务成果提出新要求。

举个具体的例子。2018年，我主要写作固定格式的新媒体文章，半年多后，感觉难度越来越低，到后来已经不想再写作下去了。因为给平台供稿，我没办法改变格式。于是，我给自己提出了新要求，完成一篇的时间从两个小时减少到一个半小时。限定创作速度，带来了新挑战，我的战斗力又被点燃了。在创作时，我的注意力超乎寻常的集中。

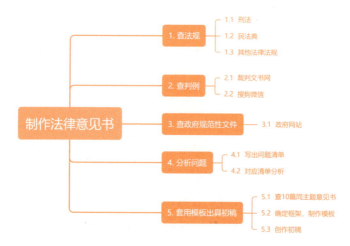

任务难度和能力匹配，不只是让我们能集中注意力，还能帮助我们进入心流状态。心流状态下，我们心无旁骛、身心合一。任务不再是不得不做的事情，而是幸福的源头。

《稀缺：我们是如何陷入贫穷与忙碌的》这本书里提到稀缺会带来"专注红利"。在缺少时间的情况下，我们的注意力会前所未有地高度集中，我们会忘掉所有干扰，做事效率达到巅峰。

在一项实验中，研究人员让两组受试者同时校对三篇文章。他们收到报酬的多少，由是否完成任务，以及校对的正确率来决定。其中一组受试者被要求完成的时间是3周。另外一组受试者，被要求完成的总时间也是3周，但是需要每周提交一篇。这就意味着，第二组受试者需要每周承受一次截止日期带来的压力。结果是，后一组更准时，而且错误率更低。

再来看一个研究。心理学家针对大四毕业生做了一个截止日期的研究。在距离毕业还有6周的时候，实验开始了。心理学家告诉一半的学生，毕业日期迫在眉睫，而且多次重复强调。对另外一半学生呢，心理学家告诉他们离毕业的时间其实还蛮多的，不用着急。

研究发现，得知时间变少的这一组学生，会在剩下的时间里做更多有意义的事情，比如参加各种校内活动，或者学习。他们尽可能地把最后的大学时光充分利用起来。认为时间还多的另一组学生，则没有什么变化，该混日子的依然在混日子。

当我们知道拥有的时间已经远远没有需要的多时，这种稀缺感会让我们更加珍惜时间。

所以，在必要时，可以主动制造稀缺感，享受"专注红利"。

在制定计划时，可以给各项任务设定好截止时间。有了截止时间，我们在完成任务时才能更好地集中注意力。

不过，要注意只在重要任务上设定截止时间。如果每一项任务都设定截止时间，很容易走向稀缺的另一面：管窥效应。

想象自己正通过一根狭窄的管道观看世界。这是一种什么样的感觉？不管你怎么调整视角和身体姿势，自己能看到的世界永远只有管道圈出来的这一片。你没办法拥有全局视角，最终必然短视，这就是管窥效应。如果一个人始终处于截止日期的时间压力之下，就会只盯着时间，忽略身体健康，忽视家人。

我们还可以换一个视角理解截止日期的意义。设定截止日期，其实同时是在提高我们的兴奋度，帮助我们更好地集中注意力。假如设定的截止日期过多，则会刺激过度，导致自己过于紧张，注意力水平会跌到最低。

提升阈值

前面我们说了关于如何屏蔽各种"分心物"的方法。但是，你会发现，有些时候根本没办法屏蔽"分心物"。比如，你在一个噪音非常大的环境中学习、工作，可能是外面在施工，或同事经常聊天，也可能是出差到了一个全新环境中，又不得不集中注意力处理工作。

在这些环境中，我们有没有办法保持专注呢？

有一次，我在等火车时，写了3个小时文章。在新环境里，大部分人很难集中注意力。因为周围的新鲜事物太多了，对大脑神经来说都属于"分心物"。我以前也是。后来采用了一些小技巧，即使周围嘈杂，我也能做到心无旁骛。

周围"分心物"过多，我们必须要主动屏蔽这些"分心物"。最快速的方法是戴上耳机，听一些熟悉的歌。熟悉的歌从旋律到歌词，都已不会过多吸引我们的注意力，能真正承担背景音角色。1分钟左右，你就会发现"分心物"消失了。你成功营造了一个安静的小世界。假如你不喜欢听歌，也可以听纯音乐。效果同样好。

如果你想真正提升集中注意力的能力,就要得反其道而行之,启用一种特殊的训练方法。

你需要到"分心物"多的环境中,先集中注意力5分钟,再到10分钟、20分钟、30分钟。接下来,再回到熟悉的环境中,你会发现自己注意力集中的能力显著提升了。而且,在嘈杂环境中集中注意力的能力也会越来越强。

这种训练方法,我是从大锤《优雅的创作者》课程中获取的灵感。课程里讲到"倍速思维",是说"先快后慢",能快速提升能力。比如,开车时,你平常只能开到60迈,现在要突破极限,开到110迈,开半小时,再退回到80迈,你会发现80迈的速度自己已经能完全驾驭了。

我发现注意力训练也是同理。暴露在嘈杂的环境中,会提升你对"分心物"的适应阈值。阈值提升,注意力水平随之提升。

改变饮食结构

前面提到的方法,核心都是改变刺激水平。最后来说一种方法,通过改变饮食结构提升人的专注能力。

很多人没觉察饮食对注意力的影响。我也是今年才意识到。如果某一顿饮食以碳水化合物为主,饭后会昏昏欲睡,尤其是午餐。

碳水食物升糖指数高。当我们吃完后,短时间内血糖会快速上升,紧接着就是犯困。

如果你经常犯困,很难集中注意力,或者集中注意力的时间过短,请检查一下自己的食物清单,是不是碳水食物摄入过多。研究发现,最能提高专注力的饮食结构是地中海饮食,以蔬菜、鱼类、杂粮、豆类和橄榄油为主。

经常吃工作餐,无法践行地中海饮食的小伙伴,减少碳水食物摄入也会立即收到成效。

大部分时候,我的饮食中碳水食物所占比例在40%左右。我没有每顿都严格执行,而是根据对注意力的需求去调整。如果接下来的工作对注意力要求不高,我会多吃一些碳水食物,有时会到60%以上。如果饭后需要看书、写文章,我会把碳水食物的比例调整到20%,甚至拒绝摄入碳水食物。

在律所或出差时,偶尔我还会选择饿着肚子工作。饥饿感持续时间并不长,不会对专注力有太大影响。出去用餐后再回到工作台,至少需要20分钟以上才能再次回到专注模式。少吃一顿,相当于轻断食。偶尔为之,对身体反倒有益处。

人类大脑更擅长分心,而非专注。

可见,主动掌控注意力,进入专注模式,是一种反人性行为。也正因为反人性,才让专注力成为最稀缺的能力之一。

专注能力的强弱,直接决定了时间管理的质量。我们管理时间的目的并不在于"管理时间",真正的目的是"给时间以价值"。

2. 所谓拖延症,可能只是方法问题

拖延症,可能是这个世界上唯一一个不分人种、不分智力,广泛分布于人群中的顽疾了。

很多取得卓绝成就的名人都深受拖延症的折磨。

著名画家达·芬奇,一生仅留下15幅完整画作。其他作品均未按时完成。经典画作《蒙娜丽莎》耗费了他整整4年的时间才完成。《权力的游戏》作者乔治·马丁,一个拖延症"大户",被出版社催稿时还恐吓编辑:"你们要是再催我,我就把小说里的角色全部写死。"作家郁达夫经常立志,接着频频毁志。比如,有一次他在日记中写了:"明天早晨可写5000字,晚上可写5000字,大约在三日内,一定可以把2万字一篇的小说做成。"接下来的一段时间,他一个字也没写。

是不是像极了我们这些普通人?

毫不夸张地说,人人都会拖延。所以,在时间管理中,每个人都会遇到"拖延症"这个顽固障碍。如何顺利消除该障碍?我们需要先全方位地重新认识拖延症,再对症下药。

拖延的原因

人为什么会拖延?我们试着用福格行为模型分析背后的原因。

福格行为模型,由行为设计学创始人福格创建,包括三个要素:动机、能力和提示。

动机,是指一个人的内在动力,是不是有足够的意愿主动做某件事。能力,是指一个人是否具备完成某件事的能力。提示,是指行动或不行动的信号。比如,如果看到运动鞋,你就会穿鞋出门跑步。运动鞋就是跑步的提示信号。

福格教授认为,行为会不会发生,主要取决于这三个要素。三个要素同时具备,既有动机,又有与事情匹配的能力,并且还接收到了提示信号,行为才会发生。

从2018年至今,我开办写作课已近6年,发现大家在写作中真正的拦路虎竟然是拖延问题。拖延导致很多学员连第一步都迈不出去。

● 第四章 障碍清除 赶走"拦路虎",让你的时间效能最大化

从动机来看,大部分学员都有充足的内在动力,希望学会写作。提示信号也不缺乏。从开营第一天,收稿截止日就已经确定了,社群里还会定期发出截稿通知。问题主要就出在能力上。大部分学员都没有写作基础,于他们而言完成一篇3000字左右的文章是一件高难度的任务。

大脑的天性是懒惰,是畏难。所以,新手学习写作时,频频发生拖延现象,也就不足为怪了。

本节开头提到知名作家,几乎一直都在拖稿,这其实也和能力有关。创作是一件极其辛苦的事情,每一次提笔都是一次艰难的跋涉。即使写一辈子,也没有一个作家会认为写作是件容易的事。

动机不足,也会导致拖延。有很多家长在培养孩子阅读习惯时非常头疼,不管你如何费尽口舌,甚至把书摆在家里各个地方,孩子依然不愿意阅读。孩子明显有能力读完一本书,每天也能看到提示信号,为什么还是不愿意读?根源在于缺乏动机。他们不明白自己为什么非得阅读?不知道阅读的意义何在,认为这是家长逼着自己完成的一件任务。很多孩子为避免家长的唠叨,会答应读某本书,结果始终拖着不读。动机不足,行为很难发生。

能力够,动机足,行为就一定发生了吗?别忘了要有提示信号。一个孩子在知道阅读的意义,也有能力去阅读时,还要有提示信号。如果家里的书都锁在书房柜子里,每天难得一见,孩子大概率也会拖着不读,因为根本想不起这件事。

以上我举的例子，都是缺乏其中一种要素。有些时候，可能会同时缺少两种要素，甚至三种要素。

用福格行为模型分析，你会发现拖延变成了一个可分析、可解决的问题。当你面对一件事情反复拖延时，先分析缺少了哪些要素。找到缺少的要素，就可以对症开药方了。

增强动机：自主感

任何事情，但凡要长久做下去，根本的力量都来源于我们的内在动机。内在动机的重要支柱是自主。自主，是指主动、自由地做事。自主感的本质，其实是一种控制感。

当丧失控制感时，我们的自主感就会消失。可以说，"被控制"的感觉是自主感的头号杀手。

当你感觉到自己被人或规则，或钱"控制着"做某事，你根本没多少决定权，最终的结果势必是感觉自己"不得不做"，而非"我想做"。

从"我想"到"我应该"，看起来是字面意思的差别，实则是动力的本质差异。前者，是你的内心焕发出源源不断的力量，主动想认真做某件事；后者，是你被拖着、拽着、诱惑着，从而被动做某件事。不情不愿，势必会拖延不断。

我们可以通过增加控制节点增强自主感，唤醒自己的内在动力。

怎样增加控制节点呢？

研究发现，有了选择，人的自主感就会增强。选择越多，主观体验到的自主感就越强。因为有了选择，我们就会感觉对事情有了控制。

增加控制节点，其实就是增加自己的选择。

控制节点一：方式的选择

公司派给你不得不完成的任务，你可以主动选择完成任务的方式。比如，你可以决定找哪个同事和你一起完成，你也可以决定是用A方式，还是B方式完成。

在接稿后，我会非常注意选择完稿的具体方式。比如，用讯飞语音完成稿件的创作，或者先和朋友讨论后再开工……有时候，我甚至会刻意改变每次完稿的具体方式。这些都会让我充分感觉到，我在这些事情上有很强的自主权。

控制节点二：内容的选择

如果你是自由职业者，工作内容由自己决定，那你不会有这样的烦恼。

遗憾的是，我们大部分人都是上班族，很多时候，工作内容由公司决定。即使如此，我们也要尽可能增加主动选择的机会。比方说，主动复盘工作，主动申请做项目，主动启动课题的研究等。

主动规划工作内容会让我们的掌控感变强，距离拖延又远了一点。

控制节点三：工作地点的选择

一些公司并不要求员工每天坐班。这种情况下，你可以主动选择做事的地点。家里、咖啡厅、茶室，任何你觉得舒适度高的地方都可以成为工作地点。看起来不起眼的选择会直接重塑你的内在体验。

尽力增加控制节点。自主感增强后，你在做事时，就会有持续的内在动力。

降低难度

现在，我们来解决能力不足导致的拖延问题。

任务太难，一定会导致人们拖延。我曾经看到过一句话说，一件事情的"容易度"是人类心理的核心追求。我们在做任何事情时都会选择先完成容易的部分。

面对高难度任务，如何才能消除退意？你需要拆解任务，即运用 MECE 原则将大任务拆解为 3—7 个子任务。在拆任务时，你还可以用"倒叙"法拆解。假定任务已完成，推导上一步做了什么事情，从最后一步开始，一步一步倒着推演到第一步。

比起大任务来，子任务的难度会明显降低。完成一个个子任务后，大任务最终也被啃下来了。

我再来介绍一种降低任务难度的方法：固定流程。

固定流程，类似于管理学上的"SOP"。"SOP"的意思是标准作业程序，指的是把某件事的标准操作梳理成一套规范的流程，以便指导和规范之后的工作。

我们也可以学习这种方法，为经常做的事情确定一套固定的步骤。每次启动，我们只需要依照步骤执行。这样做能显著降低任务难度。

固定流程以拆解任务为基础，拆解之后确定每个步骤是什么，以及步骤的顺序。你可以将整套流程写成一份清单，每次启动任务后，对着清单一项一项地完成。

我写文章也经常拖延。2018年，我主要给各个平台供稿。每篇都有交稿截止日，我基本不会拖延。我担心一旦拖延，会影响和编辑的后续合作。2019年开始，我很少再给平台写稿，而是主要给自己的公众号写稿。

为了降低写文章的难度，防止自己拖延，我确定了一套固定的创作流程。

第一步：提前一个月左右列出想要写的文章主题，一般是5个以上。这些都是"临时主题"。把临时主题写下来后，就启动了一个长期的酝酿过程，主要使用"暗时间"。在学习、工作、生活中，我会自动筛选和这些主题有关的信息。读书时、看新闻时、刷电影时，甚至梦中突然醒来的那一刹那，都会想起这些主题。长期酝酿，灵感不断，会对主题有持续且深入的思考。

第二步：完成提纲初稿。在这一步，我会选定其中一个主题，并完成提纲，这只是一个初级版本。接下来持续完善。

第三步：利用大脑下意识地筛选行为，整理素材/知识点。阅读3—5本该主题的书。在看主题书籍时，可以更有针对性地对知识点、素材进行精准筛选，搜集好这些信息并添加到提纲里面。在这一步,我会多次修改提纲,并确定提纲终稿。

第四步:开始写初稿。初稿完成会比较快,大概2—3小时。写初稿,贵在神速,避免修修补补不断拖延。

第五步:反复打磨直至定稿。我一般会对初稿修改2—3次。第一次修改完后放几天,中间留出反复酝酿思考的时间。每次修改会有不同的重点,先关注逻辑结构,再关注语句文字细节。

流程化后,任务会变得具体、可执行,难度自然降低不少。

如果你经常在做的某件事情也比较难,建议你给这件事设计一套固定流程。每次启动,都按流程一步一步走下去。

降低难度还有一个不错的方法是创造舒适度。

比如,我在创作文章时,会尽量把每个步骤都变得更舒服。在开始写文前,会吃一些水果、小零食,吃完后愉悦度瞬间提升。再做一些微运动,让自己处于激活状态。另外,我特意买了最舒服的椅子,可坐可躺。书房里放着小爱同学,休息时会听听音乐。

尽可能将整个过程的体验感都提升到最佳,这样能最大程度削弱抗拒感。比如,去健身,你可以设计整个过程中的体验,从衣服到鞋子,使用的各种工具,包括手套、健身包、水杯等等,都力求舒适度最高,也最适合自己的审美。

设定提示

福格教授认为:"提示是生活中的隐形驱动力。"学会设定提示,就能减少一大部分拖延现象。缺少提示导致的拖延,其实也是相对容易解决的问题。

第一种有效提示:截止日期。

做任务计划时,最好有截止日期。没有截止日期,很容易产生拖延问题。日期是一个重要的提示信号。你需要想办法让自己能每天看到这个截止日期。对你来说,每一次看到提示,都是一次行动信号的接收,你很难岿然不动,坐等截止日期的到来。

如果还是不够，你可以把截止日期再叠加行为公开，效力将达到最大。

罗振宇提到自己每天早上八点发语音60秒的经历。他说自己并不是一个很有毅力的人，真正的原因是"他被绑架了"。第一次60秒语音发表在微信公众号的时候，只有五个听众，就是他办公室里的五个同事，等到第一个礼拜结束的时候，他发现已经有好几百个听众了。

坚持到第三个月的时候，爱睡懒觉的罗振宇每天想着如何放弃这件事情，这样他就不用再经历难熬的早起折磨了。但是，那个时候，微信公众号已经有好几万个粉丝了。再后来，微信公众号的粉丝越来越多，到现在，已经有1000多万个粉丝了，哪能随便放弃？

"每天早上八点"的截止日期，叠加"在公众号发布语音"的行为公开，这才是罗振宇从不会拖延60秒语音背后的秘密。

假如截止日期的提示力量不够，那你就在微信社群、微博、抖音等各个平台，将行为公开，增加外部压力。

我做课程也有同感。如果单是一个截止日期，我确实会重视，但是可能不会每次都严格遵守。当课程售出后，每节课都已经确定了上线时间。这意味着剩余课程的完成必须赶在截止日期之前，否则就会影响大家听课。这种情况下，我根本不可能拖延。不管多忙多累，我都会在截止日前一天完成该篇课程稿。

第二种有效提示：行为提示，即将你之前已经在做的某种行为，作为另一种行为的提示信号。

比如，你每天早上刷牙，刷牙可以作为一种提示信号。每次完成刷牙，你可以做两个俯卧撑。

在这里，我们可以使用心理学家加布里埃尔·厄廷根提出的一个心理工具："执行意图"。

执行意图，用句式"如果……那么"来表达，意思是，如果情况 A 出现，那么我们就需要做出相应的某种行动、反应。

"如果"后面可以是之前的某种惯常行为，"那么"后面可以是你想做出的某种新行为。比如，你想打羽毛球，可以这么表述："如果我穿好运动鞋，那么我就去打羽毛球"；你想完成设计项目，你可以这么表述："如果开车到了单位，那么我就开始设计方案。"

把新的行为，设定到某个惯常行为后面。当这个惯常行为发生时，你就会收到提示信号。你不需要再花费时间思考要不要做什么以及怎么做了。收到指令，开始执行，让自己在某些时刻变成一个"机器人"，拖延问题就解决了。

除了刚才提到的日期提示、行为提示外，你还可以在自己所处的环境中设定各种提示。比如，在每天的时间账单上记录要做的待办事项，也属于有效提示；或在冰箱门、汽车方向盘等经常接触的东西上贴一张便条，提示自己需要做某件事；也可以让家人、朋友提示。不过，比起找真人帮忙，可能人工智能会更靠谱，我经常让小爱同学提醒我做某件事。

你可以大胆地设计一些独特提示，不拘于形式，只要能起到作用即可。

调整心态

根据福格行为模型，我们可以从增强内在动机、提升能力和设定提示信息这三个方面解决拖延症问题。但是，这样真的就能彻底解决拖延症问题了吗？

拖延心理学专家皮尔斯·斯蒂尔说："战胜拖延，是我的终身事业。"一个知名拖延心理学专家，竟然说这是一项终身事业。所以，千万别低估拖延问题的顽固性。这几乎是写在我们基因里的一种先天缺陷。

在和拖延症抗争的路上，我们必将经历波折。所以，请学会"自我关怀"。这个技能，将帮助我们保持持久的战斗力。

高地清风是专职拖延症咨询师，他创建了战拖会，已经为数百人解决了拖延问题，帮助了大概20多万个网民。而实际上，高地清风本人之前也是一个重度拖延症患者。他曾经因为拖延症，错过了宝贵的留学机会。

高地清风认为，想战胜拖延症最重要的事情之一，是先学会原谅自己，宽恕自己的拖延，而不是指责自己。

为什么不能指责自己？因为你越谴责自己，你就越可能陷入持续拖延的泥潭。

大脑有两种模式，发现模式和防守模式。在发现模式下，大脑会处于兴奋状态，拥有探索精神，感受和世界"并肩前行"的感觉。而在防守模式下，情况完全相反。你的大脑会认为环境中存在危险，需要启动自己的保护机制，也就是对抗或者逃避问题。

你的自责情绪会被大脑判断为存在威胁，接下来启动防守模式，继续拖延，或者保持和自己对抗的消极状态。无论是哪种，对抗拖延都变成不可能的事。

所以在战胜拖延症的过程中，你必须停止自我责怪，启动自我关怀。自我关怀，会让你的大脑处于发现模式，愿意探索和努力。

如果在战胜拖延症的过程中，再次发生了拖延情况，你不妨把自己想象成是自己的一个朋友，如果是你的朋友发生了同样的事情，你会对TA说些什么？你会怎么鼓励TA？

学会从友善的朋友的角度，接受自己、鼓励自己，这才是与拖延症持续作战的最好心态。

3. 消灭坏习惯，别让坏习惯毁掉你的时间规划

2021年5月，我在医院检查时，片子显示右侧骨盆外倾。医生告诉我，坐着时候一定不要再将右腿叠放在左腿上，否则，骨盆状况还会恶化。不记得从什么时候开始，只要坐着，我就会习惯性地将右腿搭在左腿上。

医生再三警告后，我下定决心要戒掉坏习惯。不过是一个小小的动作，只要我愿意，还怕改不掉吗？然而，在与这个坏习惯搏斗的过程中，我经常惨败。坏习惯的顽强程度远超我的预期。为何坏习惯有如此强的生命力？

坏习惯背后真正的主宰力量其实是"环境"。没错，就是我们身处的整个环境。如果你不改变环境，坏习惯可能会永远如影随形；反之，如果你能重新设计环境，所有的坏习惯都可能消失。

环境的力量

越南战争期间，在越南的美国士兵吸毒率高到不可思议。罗宾斯教授调查了470名从越南回到美国的士兵，超过85%的人接

触过海洛因。罗宾斯教授跟踪研究这些士兵，发现他们回家后的一年时间里，持续吸毒的只占5%，其他绝大多数士兵都没有再次吸毒。为什么大部分士兵都能戒掉毒瘾？

秘密就是环境。重返美国后，这些士兵所处的整体环境发生了巨大变化。在越南时，整个军营充满压力，毒品泛滥。回国后，有很多人重新回到学校开始读书，还有不少人顺利重返职场。他们接触到的环境中，几乎没有毒品的存在。

针对相同课题，之后有学者拿老鼠进行过研究，发现独居的老鼠更喜欢饮用吗啡水。作为群居动物，单身独居的老鼠为了应对压力，会更喜欢上瘾物质带来的即时快乐。

为什么环境有如此大的威力？我们用福格行为模型来分析上瘾行为。

先来说动机。在越南的美国士兵，因为处于极度压力之下，他们有很强的动机体验毒品带来的短暂快乐；再来看能力。吸毒，不需要什么特殊的能力，任何人只要拿到手，就可以完成这个行为；最后看提示。周围环境中到处有人在吸毒，普通人每一次看到、接触到毒品或吸食毒品的人，就是接收一次强提示信号。三个要素同时具备，吸毒行为频频发生也就不足为怪了。

回国后，能力当然还具备，但是动机消失了，他们脱离了充满极端压力的环境，也不再能时时接触提示信号，因此上瘾性行为就逐渐减少。这就是环境的力量，可能同时激发三个要素的生成，也可能让三个要素同时消失。

现在，我们已经了解了环境的力量，接下来，我们就可以开始研究如何重新设计，或改变自己的环境了。

改变物理环境

我们可以把环境分为两种：物理环境和人际环境。先来看，如何通过改变物理环境成功消灭一个坏习惯。

你最想消灭的一个坏习惯是什么？我想不少人可能会脱口而出：刷手机。刷手机是这个时代最普遍的一个坏习惯。

大家应该经常能看到这样的新闻：某人边走路边刷手机，结果一脚踩空，或掉到河里；一名炼钢工人边刷手机边炼钢，导致事故发生，自己被烫伤，再也无法重回岗位；一名吊车司机在驾驶时刷手机，结果操作出现重大失误，吊钩掉下砸死一人。

即使发生了这么多让人警醒的事件，我们也丝毫没有停下刷手机的行为。我也出现过类似的行为，我最开始开车时，只要等红灯，就会拿起手机刷一会；后来发展到，经常边开车边打电话、发微信。有一次玩手机时方向盘滑了一下，差点被后面的车撞上。我还经常半夜刷手机，刷到凌晨一两点才睡觉。第二天根本没精力工作学习。有时甚至放着工作不做，直接刷一整天手机。

当意识到自己刷手机过于频繁时，我最先想到的解决方案也是自我控制，认为可以依靠自身的意志力消灭这个坏习惯。结果，屡战屡败。我终于意识到意志力不是灵丹妙药。

我开始改变策略。先是卸载了手机上的一些App，结果发现

● 第四章　障碍清除　赶走"拦路虎",让你的时间效能最大化

效果甚微。无聊时,我又会重新下载。于是就出现卸载与重新下载不同App循环往复的情形,折腾几次之后,这个方法就彻底失效了。

再后来,我对身边的环境进行了微调整。开车时,只要不用导航,我就会把手机放到后备厢,想刷一下的动机仍在,但是能力不具备了,提示也不见了,就经常忘记要刷手机。

出门前,我会把手机放在双肩包里,要拿出来很不方便,这样也就避免了边走路边刷手机。见客户或者和家人、朋友聊天时,我都会把手机放在不方便拿的地方。另外,晚上是刷手机最频繁的一个时段。有一段时间,我会把手机放在别的房间,不带进卧室。

后来发现晚上不带手机进卧室的办法行不通,因为我喜欢听着声音睡觉。不听声音,入睡时间加长了两倍以上。之后,我又调整了方案,启用了两部手机:工作机和娱乐机。睡觉时,只带工作机到卧室。工作机上只有工作、学习用的App。

这些方法的目的都是消除环境中的提示,并增加行为摩擦力,导致行动成本变高。

再说回开头我提到的坏习惯。在纯粹依靠意志力无效后,我开始观察,到底在哪些环境中,我更容易跷二郎腿?一段时间后我发现,坐在各种椅子上时,我跷二郎腿最频繁。如果是坐在凳子、沙发上,我基本不会跷二郎腿。因为椅子的高度适合跷二郎腿。只要一坐上椅子,在我无意识的情况下,腿就会自己跷上去。所以,有一段时间我主要坐凳子、沙发。

但问题还是没有彻底解决,外出工作时,或者坐在电脑前,根本不能选择坐矮一些的凳子。这种时候又该怎么调整?我又发现了一个秘密,坐姿会决定跷不跷腿。如果坐下来,我的两条腿不挨在一起,便不会触发跷二郎腿的行为。一旦挨在一起,跷二郎腿的行为会自动启动。

你看,是不是很神奇?如果没有仔细观察,我根本意识不到跷二郎腿会有这么多玄机。

所以,后来我双管齐下,尽量少坐椅子,同时,不得不坐在椅子上时,则主动消除触发行为的提示信号。就这样,历经几个月的时间,跷二郎腿的习惯终于被消灭了。

当你意识到自己有某个坏习惯时,比如,爱吃垃圾食品、爱睡懒觉、爱暴饮暴食等等,不要再盯着意志力不放了。认真观察,是不是环境给了提示信号,并增强了动机和能力。

拿暴饮暴食来说,很多人之所以无法控制饮食量,和压力有很大关系,工作竞争激烈,压力之下,不少人就会暴饮暴食。还有很多人,可能是周围环境中美食太多,每天面对众多的提示信号,想忍住口腹之欲就成了一件艰难的事情。怎么解决?可以考虑换一个工作环境或居住环境。

再来说爱睡懒觉。是不是窗帘太厚?早上醒来家里仍然是黑漆漆的。没有亮光,大脑就很难清醒过来。

还有很多人有说空话的坏习惯,定了计划也只有三分钟热度,几天后就抛诸脑后。有没有可能是环境的问题?如果每天将要做的事情写在时间账单上,给自己一个强力提示,食言现象很可能就会立即减少。

不管是什么坏习惯，先检查环境，而不是批评自己意志力薄弱。当你学会重新设计环境后，很多坏习惯就可以消灭了。

塑造人际环境

人际环境的威力也不容忽视。

社会网络科学里有一个重要概念："三度影响力"。三度影响力是说，你朋友的朋友的朋友，也会对你产生影响。这种人际影响之所以会发生，是因为行为、观念、情绪会产生传递现象。

比如，你新认识的闺蜜也新认识了一个闺蜜，你闺蜜的闺蜜爱吃冰激凌，你的新闺蜜也会受到影响开始吃冰激凌。接下来，吃冰激凌的行为会再次传递，你也很可能会爱上吃冰激凌。

其实我们平时也有不少这种体验。当你和朋友出去逛街，朋友要吃薯条、冰激凌，你很难"独善其身"。大概率的情况是，你会一起共享美食。

为什么行为会传递？因为，朋友本身就是一个强提示信号。当朋友吃薯条、冰激凌时，试问我们有几个人可以忍得住？

在三度影响力的作用下，肥胖也具有传染性。如果你闺蜜的同事的姐姐胖了，那你变胖的概率也会加大，尽管你可能从来没见过这位姐姐。

这可不只是简单粗暴的推论，而是被科学家用研究证实了：

如果你的朋友变胖了，你变胖的概率是45%；

如果你朋友的朋友变胖了,你变胖的概率是20%;

如果你朋友的朋友的朋友变胖了,你变胖的概率仍然高达10%。

这就是为什么"物以类聚,人以群分",看起来相似的人总是聚在一起。其实在初始阶段,朋友间的相似度可能未必很高,但时间越久,习惯越来越接近,相似度一定会越来越高。

所以,想改掉一个坏习惯,千万别忽视了你的人际环境,尤其是离你最近的三个人。他们对你的影响力不容忽视。

如果你爱吃高热量食物,可以看看身边的朋友是不是也有同样的爱好?你们在互相影响对方。如果你想改变这个坏习惯,要么减少和朋友的接触,要么带着朋友一起健康饮食。否则,你的坏习惯随时会卷土重来。

既然离我们最近的三个人对我们影响如此之大,这就意味着,在消灭坏习惯时,我们必须启用人际力量。假如家人、朋友和你有一样的坏习惯,就要拉着他们和你一起改掉坏习惯。或者重新进入一个拥有好习惯的朋友圈。

强关系未必是现实中经常接触的某个人,也可以是没有在现实中接触过的人。比如,这几年在线上认识的朋友对我的行为和价值观都产生了很大的影响。还可以是书中的榜样,比如,曾国藩、王阳明、富兰克林等人,都对我产生了很大的影响。榜样对自己而言,亦师亦友。榜样行为同样也会传递,可以激活大脑中的奖赏系统,让自己感受到愉悦感。当你特别认可一个人,你一定会有趋同的愿望。

融入高质量的圈子，结交高质量的朋友，找到自己终生的榜样，都能帮助你消灭自己的坏习惯。你会自然而然地变成一个更好的自己。

形成自主觉察的习惯

前面提到的方法，建立在我们对坏习惯的觉察能力之上。

然而，觉察到自己的坏习惯并不是一件容易的事情。因为我们身上的所有习惯，都已经不再需要依赖显意识。习惯运作时，我们根本不会主动思考，这就导致觉察坏习惯的难度极大。

研究发现，在所有行为中，习惯性行为占比大概是一个人所有行为的43%。这个比例，有没有让你悚然一惊？

真正驱动我们行为的习惯，很多我们根本没有觉察到，尤其是那些拖后腿的坏习惯。想消灭坏习惯，必须提升自己对坏习惯的觉察能力。有觉察，才能有后来的行动。

如何提升自己的觉察能力？

第一个方法，请注意特殊事件。

前面提到的玩手机出事故，就属于特殊事件。特殊事件的发生，背后往往有平时忽略的坏习惯。所以，事件发生后，你需要好好分析，真诚面对自己的问题。

很多人发生特殊事件后，还继续自欺欺人，认为不过是小概率事件，是运气问题，根本不值得自己特别关注。比方说，有人走

路刷手机时摔到泥坑里,脚扭伤了,事后他却想,今天运气真差。这种思维模式会导致即使转机出现了,我们也根本抓不住。结果就是,这种人会始终陷在坏习惯的泥潭里而不自知。

第二个方法,认真观察自己在不同环境中行为的变化。

习惯和环境经常绑定在一起。更换环境,移除提示信号后,我们的行为往往会自动发生变化。比如,家里的沙发往往是刷手机的强提示信号,很多人喜欢躺在沙发上玩手机。但我家客厅里只有书柜和大桌子,有些朋友到我家后经常会忘记刷手机。因为缺少了沙发这个强信号的提醒。

千万别高估自己的觉察力,你能觉察到的行为只是冰山一角而已。

所以,我们要充分利用环境。一旦环境发生变化,就要主动观察自己的行为,看看有哪些明显的变化。这些变化背后,通常都隐藏着我们的某个或好或坏的习惯。如果发现是坏习惯,应该暗自庆幸,因为我们又得到了一次提升自己的机会。

第三个方法,注意对比自己和他人的不同。

我们经常对自己的习惯无知无觉,却能察觉到别人的各种习惯。我刚去律所工作时,注意到有一个同事特别能喝水,工作时桌子上也时常放着一杯水。他的休息方式就是喝水、倒水,端着水杯边喝水边在办公室走几圈。对比之下,我才意识到自己每天喝水特别少,因为我每次都是等到长时间休息时,才会去倒水,结果导致自己经常忘记喝水。

有了鲜明对比,我意识到了自己的坏习惯。之后,我工作时也会在桌子上放一杯水。等工作累了，起身休息时再去接一杯水。不只每天的喝水量达标了，而且，还增加了一种新的休息方式。

觉察到坏习惯，才是改变自己的第一步。然而，很多人根本不具备相应的觉察力。

看起来我们每天都在思考、在忙碌，而事实是，我们大部分时间活在自动运行模式里。遵循惯性，这是我们人类为了省力而发展出的本能反应。如果你愿意主动掌控自己的人生，不想被本能支配，那就经常观察自己吧，像观察别人那样，保持清醒、客观的状态。相信一段时间后，你就会意识到这种观察带来的价值。

当然，更重要的是有所行动。在行动时要始终记得，通过调整物理环境和人际环境，好的行为会自动呈现。忘记意志力神话，做自己环境的设计者，前方等待你的，必是浩瀚星辰。

否则，坏习惯可能会一次又一次地毁掉你的时间规划，甚至毁掉你的人生。

第五章 科学行动

学会科学行动,
让时间账单发挥最大效能

1. 打造巅峰体验，重塑你的行动力

在学习时间管理、制作时间账单的过程中，很多人可能会发现，自己的目标有了、计划定了，却始终无法启动？或者，行动一段时间，就弃之一旁。

我们也可以换个角度思考，为什么有些事情我们总是乐此不疲？显然，这些事情都伴随着美好的体验。

其实，很多时候我们之所以缺乏行动力，和行动本身的体验息息相关。如果你想提升行动力，就要让这件事情与美好的生命体验绑定在一起。

而改变生命体验的最佳方式，是打造仪式感。

我在这里提及的生命体验，是一个很丰富的概念。它包括我们的感官体验，味觉、视觉等等；也包括我们的情感体验，喜怒哀乐等；还可以是创造力、专注力等其他方面。研究表明，仪式感能够减轻焦虑，激发个人和团队的创造力，能够加强团队的凝聚力，增强人们对生活的掌控感等。

接下来，我从两个理论基础，说明为何仪式感会成为我们体验的塑造者。

具身认知:大脑和身体,相互成就

2018年的时候,有一个很火爆的韩国短片叫《30天的约定》。短片开始,男主角提出了离婚,他认为自己与妻子之间已经平淡如水到根本没有爱情,也不可能幸福了。

第二天早上,女主角答应了离婚的要求。不过,她还提出了一个附加条件,要求男主角在接下来的30天里,要满足她的一些要求。

从这天起,女主角经常让男主角完成一些"爱的小仪式",比如,早上醒来要先亲一下女主角,上班前也要抱一下再走,走在路上要牵手,睡觉前要说"我爱你"……

30天后,奇迹发生了。男主角发现,他又一次听到了爱情的声音。原来,他们的爱情还在,只不过他之前没有意识到。

这些关于爱的小仪式为什么能唤醒男主角心中的爱情?

这背后的科学原理就是具身认知。具身认知说的是,一个人的语言、身体动作、姿势,都会最终影响到一个人的所思所想。反之亦成立。大脑和身体之间,是互相影响的双箭头关系。

当男主角天天对女主角说"我爱你",有拥抱,有亲吻,有牵手,这些爱的仪式会直接改变他的感觉。爱情,就这样被唤醒了。

我们来看个相反的案例。既然爱情可以"被唤醒",那也可以"被告别"。

葛优在《非诚勿扰2》里,主持了一场罕见的离婚仪式。仪式开始,葛优说:"我们在一起见证,我们的共同的好朋友,芒果和香山,结束他们维持五年的婚姻,从夫妻变回熟人。请你们对钱发誓,以下你们做出的承诺是诚实可信、深思熟虑、义无反顾的……"

现在发现,这个仪式简直太绝了。当你要与过去告别时,这个仪式无疑会成为一个绝佳的时间节点。在仪式上,所有郑重其事的告别话语、动作,都会强化和过去告别的感觉。最终,我们彻底和过去告别,然后奔向新的那扇门。

毕业仪式、结婚仪式、入职仪式等等,其实都有这样的作用。它们意义非凡,代表着你即将开启一段不一样的旅程。

再比如说哀悼仪式,有研究发现哀悼仪式能够缓解人的悲伤感。在哀悼仪式上,亲友们释放悲伤,和已故的人郑重地告别。这个仪式,会帮助我们"放下"故去的人。

其实宗教仪式也是同样的道理。社会学家涂尔干研究宗教仪式时发现,仪式可不是单纯的流程,事实是仪式才是信仰系统的核心。

在仪式中,人们的信仰得到了强化。本来信仰很抽象,有了仪式,信仰变成了看得见的事物。

仪式对体验的改变,还可以细微到具体的某种感官体验。

在一个研究中,研究人员让一组受试者在拆巧克力包装前,先把巧克力掰成两份,接下来,吃掉其中的一份后再去拆另外半块的包装纸,然后享用。另外一组受试者,自由活动后随意吃掉与前一组同样的巧克力。结果是，前一组对巧克力的味道给予了更高的分数。

你看，这么一个小小的仪式，竟然就能改变一个人的体验。

在仪式中，人的思维、情绪、身体姿势、动作都会连接融合在一起，形成一种"合力"，彼此互相影响、塑造。最终，生命体验被重塑了。

峰终定律：峰值和结尾的体验，是整段经历的核心

请看下面的选择题。

假设有某种比较痛苦的感官体验，你非得承受不可，那你会选择承受多久呢？

A：1分钟

B：1分钟加30秒

B选项看起来有点傻，谁会蠢到延时30秒呢？确实，如果是理性讨论的时刻，没人会愿意傻乎乎地把痛苦延时。

现在把镜头切换到一个真实的实验中，去看看大家到底是怎么选择的。

这个实验分成了三场，都是同一批受试者。第一场，在一个寒冷的环境下，受试者需要把双手放在13.8摄氏度的水里待1分钟。第二场，先是在13.8摄氏度的水里待1分钟，接下来，水温调到15摄氏度，再持续30秒钟。第三场，受试者要做个选择题，是更愿意再次尝试第一次的体验，还是第二次的体验呢？

如果就这么问你,相信你一定会选择只待1分钟的选项。随便计算一下就知道,第二场体验明显把痛苦的时间拉长了,升高的那一点点水温,基本无济于事。

但是,现场这些智力正常的受试者,竟然有69%的人选择再次尝试第二场的体验。

什么?怎么会有这么多人愿意拉长痛苦的时长?

心理学家发现,我们感知到的时间长度,并不一定是客观的实际时长。在很多时候,我们会忽略客观的时长。比如,在这个实验中,那些选择尝试第二场体验的受试者,他们根本就没注意到两场的时间差异。

他们的真实感受是,最开始手在很凉的冷水里,最后,水稍微加热了一点,手瞬间就感觉舒服了一些。整个人的痛苦减轻了。所以,他们在第二场中的体验更舒适。

最后时刻的体验,决定了人们对一件事整体的感受。

心理学家把这种现象叫"峰终定律",是说一个人对一次经历的感知,主要取决于最好或者最坏的某个"峰值时刻",以及结束时,也就是画句号时的体验。

简单来说,就是你是否喜欢一段经历,通常都不取决于体验的平均值。一段经历,峰值时刻对你体验的影响权重可能是40%,结尾对你的影响权重也是40%。这两者合起来是80%。剩下的20%,你才会分给其他时段。而你工作生活中的仪式,会将那些低谷体验填平,让积极体验铭刻在你的记忆里。

心理学家还进行了不少其他类似的实验,比如,让一组受试者听一段时间的强噪音后停下来，另外一组呢，听完强噪音再听弱噪音。结果是，第二组的痛苦值降低了。

不信？大家可以回忆下我们在各种排队景点的游玩经历。每次出去旅行，尤其是节假日，我们的大部分时光其实都是在排队或者赶路。

但你的记忆中，这些旅行经历可和痛苦挂不上钩。回忆里，这些经历都是值得珍藏的。这是因为旅行中你有峰值体验，看到美景时的心旷神怡、拿起相机时的咔咔声，才是你记忆中的亮点。

亮点，直接改写了你对一段经历的评价。

生活、工作中的仪式，也会像旅途中的咔咔声一样，成为你回忆中的亮点。这些亮点，最终会重塑你的生命体验。

咱们刚才提到的离婚仪式，也可以从峰终定律来补充解释。

在仪式中，一个人会有超越平常的感官和情感体验。到场的亲朋好友、经过装饰的场地、告别的话语，都会把一个人的体验放大到极点。

这种峰值体验，能改变一个人对过往的整体感知。一个人的执念、过往的愤怒、痛苦，在仪式中被放下了。告别执念，本身就是一个新的里程碑。所以，仪式有时候是一个优雅的句号，也是真正的另起一行。

普通人的一生，幸福感通常是一个倒 U 形曲线，到中年阶段，是一个人一生中幸福指数最低的时候。如果你有了属于你的仪式，你甚至可以改变低谷体验。

这是仪式感的神奇魅力。

巅峰的愉快体验会铭刻在你的记忆里。那些低谷体验会被填平，然后被遗忘，留下的，将会是一段可圈可点的美好体验。

专属仪式：如何打造属于你自己的仪式

我们应该如何打造自己的专属仪式呢？

打造仪式的第一个方法，是在重要的事情面前增加一套固定的流程。流程具体是什么，取决于个人的需求。

美国著名设计师爱塞·伯赛儿在每天开始工作之前，先进行一套固定的仪式：随手涂鸦，或者画思维导图，然后再随便写点儿文字。在完成这项仪式后，她就会集中精力开始工作。

这项仪式的一个重要作用，就像一个启动按钮，告诉自己要开始一天的工作了，迅速让自己进入状态。

多伦多大学社会心理学家尼克，每次在开始工作前，都有一套固定的仪式。他会先把工作台周围整理干净。然后，窗台上会固定放两件物品。一个是头骨雕像，另一个是香薰机。香薰机会喷出薄荷味的水雾。这样的仪式感，不仅能激发他的创造力，还能让他工作时更投入。

每天记录时间账单，其实也是一个固定的仪式。在开始工作前，先在账本里记录行动的起始时间，记录要做的事项，此时，启动按钮已按下。完成之时再记录终止时间，统计消耗时长，你会充满了成就感。

越是启动困难的事情,越应该与美好体验绑定在一起。

这些仪式会逐渐形成积极的心理暗示。这种暗示,又会反作用于人的思维、行动。背后是具身认知的原理。

身心合一,能激发出一个人的最大潜能。

打造专属仪式的第二个方法,是突破"人生脚本"。

心理学上有一个现象叫"刺激适应",说的是我们每个人都会对刺激产生适应感。

比如说,你第一次喝冰可乐,会体验到一种极致的爽感。接下来,你隔三岔五喝一杯。慢慢地,你就会对可乐的刺激产生免疫力,爽感会越来越弱。也就是说,你产生了刺激适应,很难再次体验到最初的极致爽感了。

刺激适应带来的负面作用,就是很多固定的仪式,可能根本无法带给你好的体验了。

这时候,应该怎么办?希思兄弟在《行为设计学》中提到,打造峰值体验,需要突破"脚本"。

所谓脚本,就是我们日常接收到的刺激。你要突破脚本,即突破自己的预期,带来截然不同的新刺激。

有时候,我会特别抗拒写作,尤其是状态不佳时。遇到这种情况,我会想办法突破"旧脚本",给自己策划一份惊喜。比如,有一次在写作之前,我先清空了购物车。在完成创作之后,我购买了一张机票,准备第二天出门旅行。创作前和创作后的惊喜活动,成了此次创作的峰值时刻,也直接重塑了我的体验。

当然,我们未必每次都要有这样的大手笔。关于如何打破脚本，你可以根据具体的情形发挥创造力。每个人都有不一样的人生脚本，也必定有不一样的打破方式。

打造专属仪式并不难。遗憾的是，我们大部分人都未认识到仪式感的作用，所以对仪式不屑一顾。

> 从科学角度来讲，仪式感绝不是无关紧要的。你的大脑，一直都偏好仪式。所以，别怕麻烦，别不屑于这种"矫情"。
>
> 你应该做的，是创造专属仪式，狠狠满足大脑的真实需求。

仪式感，不只重塑了生命体验，增强了个体行动力。而且，能帮助你把平淡的日子变成新鲜有意义的大事件。回首往事，你会发现生命的丰盈。

2. 制定具体有效的执行计划，助你拥有超强行动力

经过对谷歌搜索数据长达8年半的分析后，宾夕法尼亚大学的三位学者发现，每年的1月1日，"节食"这个词的搜索量会比平时多80%。另外，每月、每周的第一天，"节食"的搜索数据也会出现飙升趋势。

三位学者将这种现象称为"新起点效应"，即人们倾向于选择一个新的时间起点，比如，每周第一天、每月第一天、新年伊始、节假日后的第一天，启动减肥、读书、健身等新目标。

目标启动之后呢？开始时充满激情，一段时间后便易偃旗息鼓。接着，等到新的起点到来时，再次启动，循环往复，始终落空。每一年，几乎都是同一个模式。

为什么完成一个新目标如此之难？上一篇我们探讨了仪式感的作用，当行动与美好体验绑定在一起，我们会更容易启动和坚持。除却体验，行动力与行动方式同样息息相关。学会科学行动，记录在时间账单中的目标，定能一一实现。

制定计划的重要性

在确定新目标后，我们往往是描述完就立即启动，比如说，

目标是"一年看100本书",接下来,你开始看书了,两周看了4本。第三周工作有点忙,看书计划暂停。第四周,再次启动,书太难了,不过,你还是硬着头皮看完了。第五周,又是一本枯燥乏味的书,实在看不下去,随便翻了几页。到了第六周,你可能会彻底放弃看书。

失败的原因,是你没有制定具体的执行计划。这100本书是什么样的书?每周、每月,应该读哪些书以及读几本?这些你统统不知道。执行一段时间后,你就会很茫然,不知道自己距离目标还差多少,也不清楚接下来应该如何行动。放弃,几乎是这种情况下的必然选择。

为什么必须制定具体的执行计划?因为我们大脑根本不擅长应付抽象思考。看起来,人类大脑具备了这个地球上顶级的智慧。事实上,我们的大脑并不完美,它有很多天然缺陷,其中就包括不擅长抽象思考。

大脑可以分成三个区域,分别是"本能脑""情绪脑"和"理性脑",它们形成于不同时期。"本能脑"形成于大约3.6亿年前,负责控制我们的本能反应,比如,碰到危险就跑,看到甜食就产生食欲。"情绪脑"形成于大约2亿年前,掌管我们的各种情绪活动。

"理性脑"即"新皮层",出现于250万年前,它位于大脑前额区域。7万—20万年前,新皮层才发育成熟。我们的理性思维、抽象思维,都依赖新皮层。

较之于"本能脑"和"情绪脑","理性脑"就像一个幼儿园的小朋友。由于形成时间较晚,与前两者的能力差距显著。

完成新目标属于理性脑的任务。目标过于抽象,就会给本就"弱小"的理性脑带来严重的负担,而此时本能脑和情绪脑会迅速占据上风。因为只要没有生存危险,它们就倾向于让大脑休息。

这就是为什么缺乏具体执行方式的新目标,最终都会失败。

正确的行动方式是,先花时间制定具体的行动计划。

拆解任务

制定行动计划的第一步:拆解任务。

拆解任务需遵循MECE法则。MECE法则是指,在表达论点时,支撑该论点的论据必须彼此独立且完全穷尽。同样,我们拆解任务时,也必须做到独立且穷尽。独立,是为了确保行动可以起到真正的推进作用。穷尽,是为了确保不会做重复性劳动。

任务拆解一般分为两个逻辑层次。第一个逻辑层次是较大的任务模块。完成这些较大的任务模块,就可以完成整个计划。第二个逻辑层次,是在每个大任务模块下设置子任务。

举个例子。我在进行时间管理课的制作时,第一个逻辑层次的任务是制作目录、完成提纲、撰写文案、撰写初稿、确认终稿、录制音频。这六个任务彼此独立,并且把课程制作的全部任务已列尽。只要按照顺序一步一步推进，任务就可以顺利完成。

在拆解任务时，还需要注意某个任务是否过于复杂、庞大，出现这种情况往往是因为两个以上的任务叠加在一起了，这需要你再次拆解。

在最初拆解时，我把撰写初稿和确认终稿合并成了一个任务"课程稿撰写"。在执行时便出现了问题。这两个任务实际上截然不同，撰写初稿只需要我一个人参与，而确认终稿却需要共创小组的多次反馈和修改。合并到一起后，整个任务量特别大，每次推进速度都很慢，导致我一度觉得任务太难了。本能脑占据上风，我开始节省脑力资源，偷懒逃避，拖延进度。

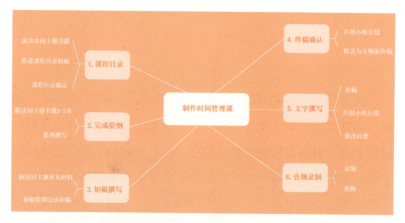

第二个逻辑层次的子任务，分别位于各个大任务模块下。比如，制作课程目录任务包括速读20本同主题书籍、搭建课程目录初稿、课程目录定稿；完成提纲任务包括精读同主题的书籍3—5本、撰写提纲；初稿撰写任务包括查找阅读同主题资料、根据提纲完成初稿。

在拆解任务时，除了要注意独立和穷尽之外，还要注意控制数量。不管是第一个逻辑层次的大任务，还是第二个逻辑层次的子任务，都不要超过20个。其实在拆解任务时，最好遵循大脑处理信息模块的数量，即3—7个。我一般不会超过7个。

一旦任务数量过多，你会发现自己根本无法完成。因为大脑应付不来这么多的信息。所以，在拆解时，既不能把任务拆解得太过粗糙，导致每个任务体量太大，也不能拆解得过于细致，导致大脑无法应对。

在完成一个新目标、新项目时，因为不熟悉，我们很难第一次就拆解出合适的任务模块，需要在做的过程中逐渐调整。

制作进度表

在完成任务拆解后，我们还需要制作更加具体的任务进度表。

为什么要制作进度表？

游戏之所以让人沉迷，最重要的一个原因是大脑可以收到即时的反馈。鼠标的每一次移动、点击，大脑都会收到一次反馈。比如，当你向右移动鼠标，人物会朝右走。当你点击鼠标，人物会用技能和对手对战。每一次收到及时反馈，大脑都会分泌多巴胺，你会感到愉悦、兴奋。

我们真正沉迷的，其实是这些及时反馈。

在完成任务时，我们也可以引入反馈机制，让任务变得更容易、更有趣。进度表就是一种反馈机制。每一次完成任务，你都可以在进度表上进行记录、评估，这就是一种及时反馈。

如何制作进度表呢？我的任务进度表一共有五列，分别为任务名称、难度系数、截止时间、完成情况和整体进度条。我来一一解释为什么是这五项内容。

任务名称	难度系数	截止时间	完成情况	整体进度条

任务分为大任务和子任务。我们需要记录的是大任务的进度。所以，这里的任务名称是关于第一个逻辑层次的任务。

难度系数，是标注任务的难度。标注难度后，你对任务完成时耗费的精力会有一定的心理预期。有了心理预期，我们就不容易撒手撤退。

有了截止日期，我们才能防止拖延。否则，整个任务的时间计算就会失控。在确定截止日期时，注意留出时间冗余。

丹尼尔·卡尼曼在《思考，快与慢》里提到一种心理偏差："规划谬误"，是说在做计划时，我们很容易低估自己完成任务的时间，总以为自己完成同样的任务会花更少的时间。卡尼曼团队在编写一部教材时，评估的时间为2年左右，而实际完成时间为8年。

问题根源在于我们采用的是"内部视角"。在评估任务会花费多长时间时，我们会从自己的能力、资源等优势条件出发，而不会考虑其他人在做同类任务时的平均用时。事实上，同类任务的平均用时才更有参考价值。

我在制作时间管理课时，同样存在"规划谬误"。课程的实际上线时间比预定上线时间晚了2个月。

鉴于"规划谬误"的普遍存在，我们在进度表上的截止日期，要在理想截止日期的基础上再延长30%左右。举个例子，假如完成时间预计20天，截止时间是3月20日，延长30%就是3月26日。你预计正常完成时间为3月20日，进度表上的日期就应该调整为3月26日左右。如果这项任务属于难度系数大，又完全陌生，那你甚至可以增加50%左右的时间冗余。

在完成情况里，你把子任务的完成情况进行记录。每一项子任务完成，都需要进行一次记录。

当你完成一项大任务后，可以记录整体任务推进了多少。这个数据可以根据你拆分的每个大任务的体量、难度，大致评估一个数值。比如，课程目录是六个大任务之一，每个任务的基础比重是16.6%。课程目录难度系数为5，属于这些任务中最难的，也是最重要的一个任务。没有课程目录，后续的任务没办法推进。所以，我在16.6%的基础数据上又增加了8.4%，即25%。当我完成课程目录的制作，进度条一列就记录为"25%"。这意味着整体任务推进到了25%的进度条上，还剩75%的任务量。

是不是很清晰？你始终知道距离终点的大致距离。而且，每一次行动，你都能收到及时反馈。

实行障碍管理

完成任务拆解和进度表制作后,事情并没有结束,你还需要把可能遇到的障碍,以及行动方式也都具体化。

在执行行动计划的路上,一定会遇到各种各样的困难、障碍。于你而言,任务越难,就越有可能随时遇到让你偃旗息鼓的障碍。

假如在行动之前,你对有可能遇到的困难一无所知,甚至盲目乐观,等困难来了,你的心理防线就会很容易垮掉。

如果在开始行动前,你就把可能存在的困难全部列出来,并把应对方式也写下来,这样的心理预演,会帮助你真正克服障碍。

比如,我在做课程之前,列出的障碍:加班、出差导致时间不够、中午午休时间过长导致晚睡、上班后太累导致精力不足、课程目录迟迟确定不下来。

意识到这五个可能存在的障碍,我提前做了调整,以前写文章经常是下午加晚上的部分时间,加班和出差都会导致时间不足。解决这个障碍的最好方法,是高效利用自主时间。另一个障碍是,有时午睡时间过长会导致晚上失眠晚睡。第二天上班又得早起,导致接下来一整天精力都很差,根本没办法做高强度的工作。不过,这个障碍也可以变成优势。在做课程的期间,午休1个小时,然后把高强度的工作临时调整到晚上,写稿到夜间

12点。

上班太累导致的精力问题，解决方案也很简单。太累的时候，我会去健身房运动1个小时，运动可以激活体能。另外，长期运动会让身体的承受力变强。所以，精力不足的问题也被解决了。

最后一个障碍，关于目录的问题。课程目录也确实出现了迟迟无法确定的情况，直到上线的最后一刻其实还在调整。我的解决方式是，课程目录基本确定后，就在进度表上显示完成，然后直接推进下一项任务。

假设对障碍毫无防备，在实施计划的过程中，随时有可能半途而废。

如果洞悉障碍，对妨碍因素有更深刻的了解，在障碍出现时，你就能够第一时间觉察到。当你能敏感察觉到障碍的存在，就能主动利用消极信息。因为有了心理预期，你不会排斥、拒绝，而是会积极想办法解除障碍。

对障碍的设想与解决，并不是根本目的。事实上，不管设想得如何周全，在实际执行中也会出现各种障碍。我在制作课程时，除了提前预想的这些障碍，还碰到了其他各种障碍。比如，有一段时间我的心理状态不好，对做出来的课程目录、写出来的课程稿都极其不满意。这种消极状态导致了为期两周左右的拖延。

其实提前想象具体障碍，主要在于让你建设好心理防线，帮助你竖起一道防火墙，在困难面前，你会更有力量，能够更积极地解除障碍。

我们向来不乏确定新目标、新项目的勇气。我们缺乏的，是执行一个新目标、完成一个新项目的能力。

如果一个目标或者项目过于抽象，不管你多有毅力，实施起来都会难度倍增。在制定科学的执行计划后，你就有了行动指南，随时可以按下启动按钮。

要注意的是，执行计划是指南针，仅仅指明前进的大方向。在行动过程中，你肯定需要根据具体情况调整。最初的规划，是行动的起点，而非百分之百确定的程序。有了起点，行动成本会降到最低。

一旦开始行动，人生之船便会驶向远方。

塑造持续力，让你真正做成一件事

学会打造仪式感与制定执行计划，主要作用为降低启动成本，帮助你积极启动一个目标、一项计划。在启动之后，还要看你能否长久、持续、相对稳定地行动。

长久、持续，是指一件事情至少做了3年以上。相对稳定又是什么意思呢？我们做一件事情，很难每天都保持一模一样的固定节奏。

但是，我们可以做到在一个大的时间周期里，有一个相对稳定的节奏。

比如，从1个月里的时间来看，你可能今天花了1个小时，明天没做这件事，后天又花了半小时。但是，周期扩大到1年，你做这件事的频率可能就比较稳定了，平均1天1个小时。

这样的节奏，我们可以称之为相对稳定的节奏。

一个人到底应该怎么做，才能保持相对稳定的节奏，去长久持续地做一件事情呢？

我划分了三个阶段，第一个阶段是启动后的1年期间里；第二个阶段是1—3年之间；第三个阶段是3年之后。这三个阶段有不同的特点和行事法则。

第一阶段：习惯形成期

养成一个习惯需要花多长时间？从我的实践来看，有些习惯，3个月的时间就足够培养成，而有的习惯，3个月的时间远远不够。比如说，每天记录时间账单，这样的习惯，3个月时间基本可以形成。而读书、写作这样的高难度习惯，3个月的时间，人还在"困难区"徘徊，时刻会有放弃的念头，根本谈不上形成习惯。1年，会是一个比较合理的习惯形成期。

我从2016年1月5日正式开始阅读。当时一直在写纸质版时间账单，记录每天的阅读内容和阅读时长。另外也写了一些日志，格式是："持续阅读第一天，第二天……"

到2016年5月，持续阅读的计划基本没中断过。2016年5月中旬我怀孕后，计划戛然而止了。当时需要适应怀孕后身体的各种变化。

大概中断了有1—2个月，也许更久一点。我又重整旗鼓，开始第二次阅读行动，第二次的暂停大概是在孕期中后期。我当时做了胎儿的基因筛查，在焦虑中等待结果。尽管后来检查结果没问题，我却依然焦虑不安，怀疑基因筛查有误。这次阅读中断时长在20天左右。20天后，第三次阅读行动再次启动。

第一个阶段以1年为周期来算，结束的时间点是2017年1月5日。第三次开始后，再没发生过长达半个月以上的中断，最多会有7—10天的休息时间。

● 第五章 科学行动 学会科学行动，让时间账单发挥最大效能

再来谈写作。我在2016年4月启动，每周写5篇左右的文章。每篇写1000字，一直到写到100篇，也就是总共10万字，这是第一个行动计划。就是这个在目前看来极其简单的行动计划，中途经历了无数次反复。

先从启动之初说起。第一次创作1000字的短文，完全不知道该如何下手。整个过程中写写停停，大概花了2个多小时。写到400、500字的时候，彻底卡顿，只好去抄书。看完一句，便抬头凭记忆把这句话挪到文档里。我的前5万字都是采用这种写法。

后5万字的完成，有了些许进步，基本上是先看完书，再尽可能转述意思。转述卡壳，就再次去看原书是如何表述的。

因为难度太大，完成的时间从最初预计的4个月，后来增加到了6个月。后来发现6个月也无法完成。最终用了10个月，或者更久一点，才拼拼凑凑地完成了这100篇短文，总计是10多万字。

反复暂停，反复重启。写作计划的暂停和重启，至少在5次以上。暂停之后，真的是完全不想再去做这件事了。

写作和阅读不同。阅读，如果很累，你可以主动选择简单一点的书，让自己舒适一些。你永远不会彻底抗拒这件事。而写作呢，最初体验到的那种难度，会让你每一分钟都想甩下键盘，再也不写了。

在练习写作的初期，内心的挣扎、抗拒，几乎是无时无刻不发生着。

那么,在这1年多的时间里,我为什么能养成阅读和写作的习惯?

现在回想起来,主要有以下这些因素:

(1)以内在动机为根本。

不管是决定阅读,还是启动写作,都是出于纯粹的内在动机。当时的想法,是想升级认知,学会思考。

纯粹内在动机的好处是,做与不做、如何做、何时开始、何时暂停等等,统统由我自己确定。我是自己的主人。从始至终,我都在为自己而行动。

所有的行动,由自己负责。

这和很多人启动写作的方式大有不同。不少人最初是为了发表文章赚取稿费。

外部动机为主,最初也看不出太大区别。时间稍微久一点,尤其是外部奖赏出现各种状况时,比如,可能稿费降低了,或者合作的平台出了问题。此时,如果你之前主要依靠外在动机驱动行动,那就极有可能彻底放弃这件事情。另外,长时间感受不到自主感,也会影响个体积极性。

而凭借内在动机驱动的人,不会受到这些因素的影响。到底要不要做一件事,完全取决于自己对这件事情的评估、感受。

如果你决定要做一件比较难的事情,尽量不要让自己被外部动机控制。尤其在初期阶段。否则,你很可能会分不清是自己想做这件事,还是被外部的条件诱惑而要做这件事。

(2)允许自己出现反复地暂停、重启。

● 第五章　科学行动　学会科学行动，让时间账单发挥最大效能

如果你以为自己能一帆风顺地培养一个好习惯，能始终如一地做一件事，那么，这种心态一定会让你早早崩溃。

回顾我的阅读和写作历程，在1年多的时间里，阅读暂停3次，写作暂停至少5次以上。

我当时的信念是事物发展的道路总是曲折的，这句话放到培养习惯上也成立。旧习惯会持续存在，会试图抵抗和极力扼杀新习惯，直到新的神经回路形成且牢固后，新习惯才会根深蒂固。

正是这样的信念，让我能够对自己有同情和理解之心，能包容自己一次又一次地放弃。

别太在意短期节奏。你要盯着大时间周期里的节奏，能够保持大周期内的稳定，你就成功了。

假设你能宽容对待自己在习惯养成之路上的倒退，不苛求自己每天始终如一，那你就能保持从容的心态持续做这件事情。

（3）学习科学的行动方式。

为了养成阅读、写作的习惯，我在初期看了不少关于时间管理、习惯养成和科学行动的书籍。比如，《把时间当作朋友》《微习惯：简单到不可能失败的自我管理法则》《习惯的力量：为什么我们这样生活、那样工作？》《从行动开始：自我管理的科学》《woop思维心理学：开启梦想与成功的秘密》……

看完《把时间当作朋友》，我启动了简单版的时间账单，每天记录自己所做的重要事情，以及花费的时间。在培养阅读、写作习惯时，时间账单功不可没。记录的本子成了行动的重要提示信号，且记录即奖赏。

看完《微习惯：简单到不可能失败的自我管理法则》，我知道做一件新的，尤其是难度高的事情，我需要用"微行动"启动。比方说，每天只看五页书。

微行动的精髓在于，让你在启动前不会逃避这件事。反正才五页书，能费多大力气？好，那就启动吧。等你看完五页书，很多时候，自己就会欲罢不能地继续读下去。即使读不下去也没关系。今天你完成了五页，内心也会有不小的成就感。

我的写作计划暂停次数更多，和我当时太想一口吃成胖子也有关系。每次写1000字，对一个新手来说任务实在太过艰巨。如果改成一次写300字，行动的持续性应该会好很多。

看完如何科学行动的书，我知道要给自己创造有利于完成行动的条件。比如，制定具体的执行计划，将大任务拆解为小任务，降低启动成本；在重要事情之前增加一个小小的仪式，提升体验，增强行动力……

另外，还要尽可能消除所有阻碍行动的不利因素。持续做一件事，不只关乎毅力，更取决于行动方式。

第二阶段：将新习惯融入生命系统

养成习惯就真的可以高枕无忧了吗？

其实，养成习惯只是第一步。第一步完成后，这件事可能会成为你的膝跳反应。

拿我的阅读习惯来说。1年后，如果不读书的时间超过3天

● 第五章 科学行动 学会科学行动，让时间账单发挥最大效能

以上，我会寝食难安。2017年2月，刚刚生完孩子的第5天，我已经再次制定了新的阅读计划，每天看书时间在1个小时左右。

换到写作上，情形完全不同了。

写作和阅读有一个很大的不同，阅读需要的技能比较低。即使你什么阅读技巧也没有，那也没关系，只要你懂得一字一句地读，你可以看完几乎任何一本书（除了学术著作等）。而写作呢，从遣词用句，到文章的逻辑结构、行文风格等，你都需要不断探索，持续刻意练习。在很长一段时间内，你可能会始终处于极度困难区。

所以，尽管在第一阶段，我也养成了经常写点东西的习惯，但是，于我而言，写作仍然存在巨大的门槛。我明确地意识到，我依然随时可能彻底放弃写作这件事。

为什么最终能坚持下来呢？

（1）找到老师和社群。

在第二阶段，我接触了三个以上的写作群体，方式是参加写作课程。

尤其幸运的是，在2017年4月，我加入了大锤老师的锤炼侠团队，学习怎么创作读书笔记。在社群里，大锤老师会分享关于阅读、写作的任何相关问题。浸泡在高质量的社群中，不管是我的阅读能力，还是写作能力，都经历了一次次的飞跃。

另外，这是一个长期性社群。当一个人与一个社群的联结越紧密，越可能坚持下来，因为我们都有寻求归属感的需求。而且，经常和同行交流，互相会形成同侪压力。同样，这也是一种

督促。

现在回头来看,假如没有碰到引领自己的老师,也没有一个持续陪伴的社群,写作可能就真的被我放弃了。

(2)搭建好目标系统。

在第二阶段,一定要做的第二件事情是搭建好个人的目标系统。小目标服务于中层目标,中层目标又服务于顶层目标。如果目标系统是这样一种良性关系,就能帮助我们更持久地做好一件事情。

假如目标系统的任何一个层级出了问题,那你仍然有很大可能会彻底放弃。

短期目标是实现中层和顶层目标的基础。如果你没有设置短期目标,会空有梦想,却没有落脚点。缺乏中层目标的人,会出现什么问题?Ta也很容易放弃。短期目标达成后,我们会发现自己始终离顶层目标很远。时间一长,自然就容易对遥不可及的目标说再见了。

再来说说顶层目标的重要性。你可以把顶层目标想象成指南针。短期和中期目标制定得是否合理,实现之后又该何去何从,这都需要接受顶层目标的指引。

顶层目标,决定了我们最终能到达的高度。

有些人的顶层目标之间可能有严重的矛盾。比如,有人可能会有两个顶层目标,成为一个好母亲与成为一个出色的钢琴演奏家。你看,这两个顶层目标就出现矛盾了。

一个人要想成为好母亲,意味着要在家庭上花费更多的时间。在家庭上时间投入变多，钢琴演奏方面的投入自然就变少了。最终可能两个顶层目标都会受到影响。

这是不是意味着我们只能有一个顶层目标呢？当然不是，这意味着你要学会调和顶层目标之间的矛盾。时间、精力的分配上要更科学合理。

一个人如果有统一和谐的目标体系，才更可能成为一个长期主义者，或者说是一个意志力惊人的梦想追寻者。

短期目标服务于中层目标，短期目标的弹性最大，你可以在实践中不断调整。

中层目标虽然没有短期目标弹性大，但是也可以根据情况做出相应的改变。顶层目标则一定要保持一定的稳定性。如果你经常更换，就会导致之前的很多行动成为无用功。

很多人以为，目标的制定是第一阶段就可以解决的问题。

实际上，在第一阶段，你不可能对一件启动没有太久的事情有清晰的方向。尽管当时也会有各种目标计划，但是只有到了第二阶段，你才能清晰规划出一个比较稳定的目标系统。

第一阶段，应以培养习惯、体验这件事情为主。在第二阶段，你需要把花 1 年时间养成的好习惯彻底融入自己的生命系统里，让新习惯和自己再也不可分割。

第三阶段：持续成长与自我突破

顺利度过第二阶段，我们才能进入第三阶段。第三阶段，我们需要关注的重点是如何持续成长、怎样打破瓶颈等问题。

任何能力的发展趋势,都不可能始终是一条持续上扬的直线。尤其是难度大的事情,且到了第三阶段,能力的突破更是难上加难。比如,我的阅读能力在很长一段时间里,都没有丝毫进步,读不懂的书依然读不懂。到某个时间节点,我突然感觉自己的阅读能力跃升了一个层级。

这种突破是如何实现的?答案是,不断走出舒适区。

我根据《刻意练习:如何从新手到大师》的理论,把事情分成了三种:舒适区、拉伸区、恐惧区。

舒适区,简而言之,舒舒服服的状态,大脑不需要思考什么,依靠过往的经验和惯性操作,我们就能完成一件事。

我用阅读来讨论这个话题。比如,很多书属于我早已深度学习过的领域。20万字,3个小时左右就能读完。因为内容都在我的预期内,速读结合跳读快速完成。这一类型的书,于我而言,就属于舒适区。

再来看拉伸区,顾名思义,大脑有被拉伸的感觉,类似于肌肉被微微撕扯的感觉。在拉伸区,你会体验到"微微吃力"。

比如,处于拉伸区的书,同样是20万字,我得读6—8个小时才能理解透彻。

恐惧区,就是我们避之唯恐不及的事情。

比如,有些书,我打开后,会让我怀疑自己是初识汉字的外国人。单个字都认识,组合在一起却根本不知所云。可能啃三次以上,依然懵懵懂懂。20万字,几十个小时都只能理解50%

● 第五章 科学行动　学会科学行动，让时间账单发挥最大效能

左右。

我们每个人在不同的行业，有不同的理想，但这些差异都不重要。因为，每个人都可以在自己的行业找到自己的困难区和舒适区、恐惧区。当你找到了，开始行动了，你会发现自己进步得超乎寻常的快。

我把阅读的书，分成了三个类目：舒适区、拉伸区和恐惧区。

每个月做月计划时，我会根据三个类目的配比选书。比如，某月计划阅读书目 15 本，舒适区 30%、拉伸区 50%、恐惧区 20%。

舒适区的书占比 30%，在疲惫、休息时阅读。拉伸区的书占比 50%，因为阅读时只是微微吃力，适合大部分状态下阅读，所以配比最多。恐惧区的书实在太耗费脑力，阅读时需要一个字一个字地啃过去，所以每个月有 20% 就足够了。

事实证明，这样的阅读配比，让我几年来进步很大，理解力多次跃升。曾经是恐惧区的书，早已有不少到了拉伸区。拉伸区的呢，很多已经到了舒适区。每一次进步，三个区的书单都会再次变化。

假如你一直处于很舒适的状态，就得警醒了。要让自己不断折腾，要主动把自己推入拉伸区、恐惧区，这样才能不断突破自我。

当你开始做困难的事情后，恭喜你，你已经成功了一半。接下来，你只需日拱一卒。

如何长久、持续且相对稳定地做成一件事？我们可以将之分为三个阶段。每个阶段具体会有多长时间，不同的事情会有差异。难度大的事情，第一阶段通常都要1年左右，也许会超过1年。

每个阶段都有不同的障碍。障碍不同，行动的重点也会有差异。所以，我给出了不同阶段的行动建议。

在第一阶段，我们面临的最重要的问题是如何养成新习惯。我们需要了解习惯是什么、习惯是如何养成的，需要对养成过程中行为的反复暂停有心理预期。

第二阶段，我们需要把新习惯整合到自己的人生系统里，及时调整短期目标来支持中期目标的实现，并避免顶层目标之间出现不可调和的矛盾。

第三阶段，要找到持续成长的正确方式。自己主动创造困难，迎难而上，才能乘风破浪。

每个阶段对应的时间长度，并非固定数值。不同的人在做不同事情时，时间长度必然会发生变化。每个阶段的行动方案在具体实践时，亦需要根据自身情况调整。

我更想和大家探讨的是，一个普通人到底怎样才能真正长久、持续且比较稳定地，做成一件可能不那么普通的事情。

有了这样的本领，我们便能真正成为时间的朋友。

第六章　长期蓄力

一

学会储备能量，
为时间账单系统持续供能

1. 提升"睡商",让精力"取之不尽"

睡眠占据了我们生命中近乎三分之一的时间,甚至更多。

睡眠的重要性毋庸置疑。如果一个人晚上睡不好,第二天精力会奇差无比。可以说,睡觉是一种深层次的修复,是每个人都不能缺少的休息方式。

如果长期睡眠不足,人的记忆力、专注力都会变差。而且,还会对大脑和身体造成不可挽回的损伤。但遗憾的是,大部分人对睡眠知识几乎一无所知。在睡觉方面,我们基本就是遵从本能而已。

怎么睡、睡多久才能让大脑得到更彻底的修复?我们需要深入了解这些睡眠知识,提升"睡商",才能让睡眠发挥最大价值。

清除障碍因素,提升睡眠效率

我们需要先了解一个重要概念:"睡眠效率"。睡眠效率是指总睡眠时间与在床上的总时间之间的比值,计算公式如下:

睡眠效率=(总睡眠时间÷床上总时间)×100%

睡眠效率超过90%,属于睡眠良好者;睡眠效率低于65%,

属于睡眠不佳者。

依据上述公式,假如一个人总睡眠时间为7个小时,在床上总时间为10个小时,那么Ta的睡眠效率为70%。醒着的3个小时,可能是入睡耗时1个小时,中间多次醒来的时间为2个小时,或者尽管中间未醒来,但入睡就花了3个小时。不管是哪种情况,我们都可以得出一个相同的结论:此人睡眠效率较低。

大部分人关注的是睡眠总时长,认为自己睡够7个小时即可,其实我们更需要关注的指标是睡眠效率。

睡眠效率不同,人的心态会截然不同。睡眠效率高的人,即使每晚未睡够7—8个小时,但心态是放松的、积极的。但一个睡眠效率低的人,即使每晚睡到8个小时左右,却始终处于紧张、挫败的状态。无论是辗转反侧难以入睡,还是入睡后数次醒来,都是一种精神上的折磨。睡眠效率低的人,同样入睡8个小时,醒来依然处于疲惫状态。如果长期睡眠效率低,会影响大脑的修复能力。

所以,我们应该更关注的指标是睡眠效率。假如你的睡眠效率较低,必须想办法提升睡眠效率。

如何提升睡眠效率呢?你需要先关注是哪些因素影响了自己的睡眠效率。影响睡眠效率的因素因人而异,我给大家列举一些常见因素。

(1)床的睡眠属性消失,无法及时形成"睡觉"指令。

很多人并非需要睡觉时才躺在床上,而是只要回家就躺在床上玩手机、刷平板电脑等。这对睡眠效率本来便不高的人来说,不亚于一场灾难。为什么这么说呢？床的原始角色，是为人提供睡眠场地。如果你长期躺在床上却并非为了睡觉，渐渐地，床的角色会变得模糊，到晚上入睡前躺在床上时，你很难马上收到"要睡觉"的信号。可能要躺很久你才能收到这个信号。

所以，尽可能将其他活动放在床以外的空间开展。比如，置办一个躺椅，作为玩手机、刷平板电脑的专属空间。

（2）每天午睡时间超过30分钟，或午睡时间延迟。

午睡的最佳时长为30分钟以内。如果你午睡超过30分钟，晚上很可能入睡困难。或者，你把原本的午睡时间，推迟到了下午5点以后，小睡时间即使只有20分钟，也可能导致晚上入睡困难。

（3）未完成事项占据大脑，导致大脑持续活跃。

如果你已经养成了每天记录时间账单的习惯，恭喜你，你已经不会有这种烦恼了。但是，对很多人而言，若未完成事项持续活跃，或焦虑自己无法完成这些事项，或不断思考如何更好地完成这些事项，大脑就将始终无法进入平静状态，入睡时间不断延长。入睡前，建议将大脑中未完成的事项清空，记录在时间账单中，以免降低睡眠效率。

除上述三种常见因素外，还可能存在其他障碍，比如，睡前饮酒、喝水过量、喝咖啡等，睡前饮酒、喝水过量都将导致我们会在睡眠中间醒来，很有可能难以再次入睡，喝咖啡则会增加入睡难度。

当你意识到睡眠效率的重要性，就要先进行一次大盘点，找到降低睡眠效率的各种因素，一一清除。

在提升睡眠效率后，我们还需要建立科学的睡眠模式。

启用R90睡眠法，建立科学睡眠模式

科学家把睡眠分成了两大阶段："非快速眼动期"和"快速眼动期"。在非快速眼动期，我们基本不会做情节清晰完整的梦。在快速眼动期，我们的眼球会开始移动，心率会变慢，呼吸也会加快，会做完整的梦。

"非快速眼动期"又可以分成四个小阶段。

第一个阶段是入睡期，指的是我们呼吸放慢，意识逐渐变模糊的时期。第二阶段叫浅睡期，在这个阶段，人的心率会变慢，体温也开始降低。这两个阶段合起来都属于"浅层睡眠"。浅层睡眠的整个持续时间大概是20分钟。第三阶段"熟睡期"和第四阶段"沉睡期"一共会持续30分钟左右。这两个阶段都属于"深层睡眠"。进入深层睡眠期后，我们很难被唤醒。

接下来是"快速眼动期"，大约会持续20—30分钟的时间。

"快速眼动期"和"非快速眼动期"加起来，是一个完整睡眠周期，大概是90分钟。我们的睡眠一般以90分钟为基本单位来完成一整个睡眠周期。所以，最科学的睡眠时长应以90分钟为单位来安排。这种方法叫"R90睡眠法"。正常情况下，成年人每天需要的睡眠时间是4—5个睡眠周期，大概是6—7.5个小时。

我们以前经常说8小时睡眠理论，现在看来并不科学。事实是很多人根本不需要8个小时的睡眠时间，而有些人可能睡8个小时都不够。到底要睡多久，取决于个人需求。

怎么具体实施"R90睡眠法"呢？如果想要更精确的话，你可以用软件记录自己的睡眠和醒来的时间点，然后计算时间总量够不够4—5个睡眠周期。

我最初并没有使用任何软件。在最开始只记录大概的两个时间节点，记录一周左右，就能摸清楚自己每晚到底睡多久了。如果和周期不符合，就可以调整，可以调整入睡的时间点，也可以调整醒来的时间点。

持续几个月以后，你会发现不管几点睡，你会自动睡到符合睡眠周期的时间节点后彻底清醒过来。

我的体验非常明显，现在每晚不管几点入睡，到第二周期结束后会自动醒来一次。然后再次入睡，到第四周期结束以后再度醒来。整晚的睡眠至此完成。

对自己的睡眠有掌控感，是种很棒的体验。当你知道自己究竟需要睡多久,焦虑就会自动消失。

记录睡眠日志,长期观测并调整睡眠情况

当你开始提升睡眠效率,以及试图建立"R90睡眠模式"时,你可能会经历不少波折,也很可能会半途而废。为了真正将科学睡眠方式贯彻落地,建议你学会记录睡眠日志。

睡眠日志的格式如下:

日期	入睡时间	清醒时间	睡眠时长	睡眠效率	睡眠质量评估	调整方案

在睡眠质量评估一栏,你可以给前一晚的睡眠质量打分,满分为100分,凭借直觉,你认为可以打多少分?根据记录的入睡时间、清醒时间、睡眠时长和睡眠效率,你又认为可以打多少分?你可以打出两个分数,并分析原因,写出自己接下来的调整方案,看如何可以提升睡眠效率,或如何实践"R90睡眠法"?

睡眠日志可以长期记录,以便观察睡眠情况,及时发现问题并进行调整。如果你认为记录负担较重,也可以将其仅作为一种应急性工具来使用。在睡眠质量较差的时期,启用睡眠日志跟踪观测,直到睡眠情况好转。

研究显示,在睡眠中,记忆将得到整理,那些经筛选的重要信息最终会从大脑皮层转移至海马体中,最终转化为长期记忆而得以保存。如果睡眠质量长期不好,人将难以形成长期记忆。当

然，关于睡眠所起的作用，这不过是冰山一角。良好的睡眠，能帮助我们调整激素水平、提高免疫力，让大脑和身体得到深度修复。

如果一个人长期欠"睡眠债"，从身体到大脑，都将发生整体性的崩溃。所以，我们必须重视睡眠，主动提高"睡商"。在睡眠良好的基础上，精力才能"取之不尽"，我们也才能长期发力、勇猛精进。

2. 学会科学休息，保持巅峰

亨利·福特曾说过，只知工作而不知休息的人，如同没有刹车的汽车，极为危险。

没有刹车的车，跑得确实快，但最后的下场一定是毁灭。在学习时间管理时，我们必须将"学会科学休息"作为一个重要课题，时间管理方可持续。

在探讨如何科学休息之前，需要先了解我们为什么必须休息。

大脑的工作模式

大脑的总重量只有人类体重的2%左右。但是，它消耗的能量可不容小觑，占人体总能量的20%左右。

这是个令人震惊的数据。这种感觉就类似于，我们看到一个明显瘦小的人，却是一个可怕的大胃王。

怎么会发生这种反差？

我们来了解下大脑的"默认模式网络"（Default Mode Network，DMN）。"默认模式网络"包括内侧前额叶皮质层、后扣带皮层、顶下叶等区域。大致来说,"默认模式网络"就是大脑的中上段部分。

DMN是真正的"大胃王"。研究显示,大脑消耗掉的能量中,可能有60%—80%贡献给了DMN。

DMN之所以要消耗掉这么多能量,是因为它是一个名副其实的工作狂。你以为你在用脑的时候,大脑才会被启动,而实际情况是,在你无知无觉的时候,大脑仍然在运行。有点类似于手机,后台会有自动运行的程序。这些程序会悄无声息地耗费电量。所以,你经常会发现,明明还没怎么用,手机的电却少了一半。

DMN在后台自动运行时,通常在做什么呢?

我们经常会看到一些关于灵感的神奇故事,比方说牛顿,苹果砸下来,灵感来了,提出了万有引力定律。阿基米德,在浴缸里洗澡时,灵感来袭,发现了浮力定律。

这些故事总让我们无限感叹科学家异于常人的高智商和脑回路。其实,灵感并不怎么神秘。当你发呆、出神,你的DMN仍然处于运行状态。这个时候消耗的能量,甚至超过了你做其他任务时的耗能。你的灵感,往往就藏在这里。

也就是说,并不是绞尽脑汁思考的时候,你才真的在思考。洗澡、发呆、散步时,DMN也在勤勤恳恳地思考,使用的时间正是"暗时间"。

《社交天性:人类社交的三大驱动力》这本书中提到,我们的大脑中，有一个专门负责人际关系的网络结构，叫默认网络。只要我们不从事其他非社会性认知活动，比如算数学题、看书等，默认网络就会开始思考与自己、他人有关的一切社会认知活动。而且，默认网络从来不知疲倦，一旦其他活动停止，下一秒默认网络就会启动，类似于手机后台自动运行的一套程序。

大脑真的没有想象中那么闲。它几乎时刻不停地在工作，在运行，在消耗能量。

压力模式不可持续

我们远比自己想象中更需要休息。大脑耗能多，需要通过休息来补充能量。另外一个原因是，任何压力都不可持续。如果一个人长期将自己置身于压力模式中，他迟早会彻底垮掉。就像一根弹簧，承受过大的压力后，最后会彻底崩断。

在这里所说的压力，既有来自外部的压力，比如你的工作任务、生活任务等；也有来自内部的压力，比如你本人设定的人生目标。

为什么压力模式不可持续？我们先来了解下压力是如何产生的。

大脑搜集到威胁生存的信息时，杏仁核这个报警系统会发出报警信号，刺激去甲肾上腺素和促肾上腺皮质激素的产生。接下来，这些激素所携带的信号从杏仁核到达下丘脑。紧接着，下丘脑会向脑垂体发送信息。脑垂体接收到信号后，迅速把一种激素

发送到血液中，然后再通过血液传送到肾上腺。肾上腺在激素的作用下，开始释放应激激素：皮质醇。马上，你的心脏就会跳动得更快更猛。于是，压力就产生了。

虽然我写了这么多文字，但是整个过程可能只有1秒钟！

很多时候，压力会让我们的注意力更加集中，思维也更加清晰。这是压力的积极作用。但是，一旦压力模式持续过久，或者压力太大，我们就会被压力反噬。

一个人如果经常处于压力状态，皮质醇过度分泌，就会杀死海马体中的新生细胞，导致海马体的体积缩小。

海马体是大脑中的"刹车装置"，它能制约杏仁核的报警反应。杏仁核向前冲的时候，海马体如果及时踩下刹车，杏仁核就会熄火。

所以，如果海马体变小，当压力来临时，大脑就没办法主动踩刹车了。这个后果很严重。当大脑失去对压力的控制权后，杏仁核会频繁发送信号，压力系统持续活跃，皮质醇分泌则超出正常数值，然后，海马体进一步缩小，压力系统进一步活跃。这是一个无法自动终止的恶性循环。

压力模式是一种不可持续的状态。没有人能在持续的压力模式下，仍始终保持积极向上的状态。区别只在于，有些人可以坚持很久，有些人可能只能坚持很短的时间。

建立节奏感

关于如何休息,你需要建立的最重要认知,是工作与休息之间要形成一定的节奏感。建立节奏感后,你的大脑才能得到充分的休息,并避免始终处于压力之中。

节奏感,可以分成三个维度:1天的短期节奏,1周、1个月的中期节奏,以及1年的长期节奏。

首先,我们先来说短期节奏应该怎么设计。

研究发现,脑力劳动者的最佳节奏是工作50分钟,休息7分钟。体力劳动者的最佳节奏是工作75分钟,休息15分钟。

这是我们每天需要遵循的一个科学节奏。在具体执行时,你可以根据自己的情况调整。

我在阅读晦涩难懂的书时,会把阅读时间缩短到30—40分钟,休息10分钟左右。如果是简单易懂的书,我会阅读60分钟左右,然后再休息20分钟左右。工作持续时间长短,主要取决于工作的难易程度,也和个体的承受力相关。

除此之外,你还要结合自己的内在节奏。比方说,如果你是云雀型,在早上的脑力高峰期,就可以延长工作时间,而在晚上的脑力低谷期,就要缩短每次工作的持续时间。

其次,我们再来看中期节奏应该怎么设计。

中期节奏,指的是每周和每个月的休息安排。每周,应该至少有半天的完全休息时间。1个月,则应该至少有2—3天的休息时间。

具体哪天休息,你可以根据自己的内在节奏决定。我会尽量将休息时间安排在情绪低谷期。

如果你的时间自由度高,建议结合内在节奏,确定固定的休息日,这样更容易执行到位。临时安排休息时间的坏处是,可能你哪一天也不想浪费,总想安排一些事情,结果导致你对休息与否摇摆不定,最后可能既没好好休息,也没好好工作。

最后,我们来看以1年为周期的长期节奏。

每年一定要留出几天年假,彻底摆脱工作模式。建议年假的休息时间在1周以上,尽量安排在年中。

为什么要安排在年中呢?趋势专家丹尼尔·平克把中途懈怠的现象称为"半途效应"。在各种任务中,人都会出现"半途效应"。

犹太人有庆祝光明节的传统,光明节为期8天。在这8天中,按照传统习俗,犹太人需要每天晚上都点燃蜡烛。社会学家记录了200多名犹太人点蜡烛的行为,发现在中间几天,点蜡烛的人最少。第一天晚上,76%的犹太人会点燃蜡烛;第二天晚上,跌至55%;中间时间里,跌到50%以下;最后一晚,数据再次升到50%以上。

在其他事情上也同样如此。研究发现,团队在完成一项任务时,并不会均匀分配自己的精力,项目也不会平稳均衡地持续发展,几乎所有团队都会在项目中期进入惰性期。然后,到中后期再次发力,任务开始取得飞速的进展。比如,12周的任务,在第3到第5周期间,往往是惰性期。第6周起,很快进入飞跃期。

把年假安排在年中也是同样的道理。每年年中,往往是一个人最疲惫的时刻。年初,我们热情饱满、不知疲倦地工作。

每年的5月到8月,大部分人都会产生倦怠感。倦怠感,不只是因为前几个月在持续工作,还因为一年过去了几个月,离下一年又还有不少时间,内心会有"前不着村后不着店"的感觉。到年末,紧迫感袭来,我们会再次调整到最佳状态。

短期节奏,工作和休息交替进行。中期节奏,每周、每月一定要有较长的休息时间。长期节奏,安排好你的年假。

科学的休息方式

建立节奏感是第一步,接下来,还要知道科学休息的具体方式。这并不是一件简单的事情。很多人,甚至可以说大部分人,根本就不会休息!

来看看大部分人在休息时间做什么,就知道我并没有危言耸听了。大部分人休息时,不是在微信聊天,便是刷视频、逛微博等。看起来是在休息,实际上大脑根本不比工作状态时轻松。

研究发现,刷手机、回邮件和上社交网站,会加剧人的疲劳感。长期用这种方式休息,疲惫感一定会如影随形。即使你看起来建立了好的节奏感,也照样于事无补。

那正确的休息方式是什么呢?

科学休息的第一种方式:各类运动。

运动有太多好处了，可以提升专注力、改善人的情绪，以及打破压力模式。所以，无论是1天，还是1周、1年的休息时间，最好的选择是做一些运动放松。

很多人每天工作时间非常紧，可能根本没有多少时间快走、跑步、打球等等。这也没关系。我们科每天做一些"微型运动"。比如，工作50分钟后，走路7分钟；或工作50分钟，做7分钟办公室操，甩甩胳膊、踢踢腿，活动活动颈椎、肩膀。

研究表明，每小时只要走5分钟，你的能量水平就会提升，专注力也会得到改善。不要总想着拿出大段时间去运动，一个小时安排5分钟的运动时间也是极好的。

周末，你可以爬山、跑步，做一些持续时间比较长的运动，而且，最好是户外运动。在室外，可以看到花草树木，空间也更空旷，可以帮助我们更快地恢复精力、调整情绪。

如果在休假，你可以给自己安排更有挑战性的运动。很多商界人士都会参加竞技性运动，比如跑马拉松、徒步穿越沙漠、划皮艇等等。

竞技性运动能帮助你提升压力阈值。因为在运动中你会承受非常大的压力，等你回到正常状态后，一点小压力，对你来说根本就不足为惧。你的抗压能力变强了。

科学休息的第二种方式：冥想。

冥想可以提升专注力，增强对大脑的控制力等等。

我们再从另一个角度讨论冥想的作用。冥想能彻底让大脑进入休息模式。前面我们说了，大脑很难从工作模式中脱离出来。即使是一些你觉察不到的时候，可能大脑也在思考。冥想能把大脑的工作模式彻底关掉。冥想时，人的大脑会真正处于放空状态，停止了耗费能量的所有思考活动。

冥想，不只可以是静态下的一种状态，在散步、运动时，也可以进入冥想状态。当你在运动时，你可以把注意力放在某种感觉上，或者某个动作、部位上，比如，散步时，你可以关注脚和地面接触时的感觉，迈左脚与迈右脚时身体产生的不同动作。

我的理解是，冥想的核心，其实就是通过对一些基本感觉、动作的关注，来把其他杂七杂八的想法排除出去，最终做到放空的清零状态。

科学休息的第三种方式：小睡。

美国有一项涉及11家企业800多名员工的研究，发现午餐期间的休息能够更好地帮助员工应对接下来的工作压力。因为小睡能够提升人的认知和思维，改善人的情绪。加州大学的研究发现，同一背景下，习惯一天打一小会儿盹的学生们的记忆力超过了未打盹的学生，而且，他们更愿意花时间解决复杂问题。

小睡的时长控制在10—20分钟。如果你只小睡5分钟左右，你的疲惫感不会减轻很多。而如果你的小睡时间超过了20分钟，你就会遇到"睡眠惯性"。醒来时，你会感觉很累，思维异常迟钝，甚至四肢无力，要花很长时间才能彻底清醒过来。如果超过1个小时，人的认知和思维能力会下降得非常严重。

科学休息的第四种方式：社交。

休息时，可以和朋友聊聊天。一个人只要做出有利于社会联结的行为时，可能是夸奖他人，或者被人夸奖，也可能是和他人分享、合作，大脑的奖赏系统就会被激活，你会产生强烈的愉悦感。

不过，我不建议使用电子设备与人视频聊天。这种休息方式效果并不理想，甚至可能会加重你的疲惫感。但凡对着电子设备，就很难和真正的休息挂上钩。

再来推荐一种休息方式：旅行。

换个空间场所，我们可以更好地休息。熊逸在得到专栏《唐诗必修50讲》中提到，旅行可以帮助我们摆脱旧环境带来的负面联想，还可以帮助我们摆脱工具意识。在熟悉的场景中，我们看到的大部分场景都有非常确定的功能，比如，这条路通往公司，另一条路是回家的近路，某个公园可以周末遛娃等等。这些都是非常工具化的感知。

但是当你到了新环境，一切事物都是新鲜的，没有具体的特定功能。而且，你也不会有任何的负面联想。在新环境，你会用轻松的心态对待周围事物，从而得到最大程度的放松。

还有一些个性化的休息法，比如涂色。我经常用蜡笔给一些简单图案填充颜色。在涂色过程中，会慢慢做到心无旁骛，对大脑而言也是一种放松。

每个人都可以有一些独特的休息方式。你也可以制定自己的专属休息清单。

《Peak Performance: Elevate Your Game, Avoid Burnout, and

Thrive With the New Science of Success》的作者史蒂夫·麦格尼斯，曾经是一个"拼命三郎"。

他在高中时期极其自律，每天在晚上 10 点前入睡，从不参加任何聚会活动。每天除了学习，就是把时间花在跑步训练上。

麦格尼斯成了当时美国跑得最快的五名高中生之一。但是，此后他的跑步成绩并没有持续进步，巅峰之旅彻底终结了。后来，麦格尼斯再也没有参加任何跑步比赛。

这就是极度消耗精力后的自然结果。一个人如果长期没有得到科学的休息，最终大概率会"报废"。

相信你在生活中已经看到过不少这样的例子了。比如，有些在高中时极其自律的同学，到了大学后会放飞自我，甚至到了挂科、留级的程度。

之所以出现这种反差，往往就是他们在自律的时候，忘记了科学地休息。

想成为一个持续的高度自律者，前提是学会张弛有度，能够掌控工作和学习的节奏，懂得用正确的方式休息放松。

保持巅峰，从学会科学休息开始。

3. 主动创造积极体验，储备充足内在能量

关于负面情绪的调整方法，我们每个人都学了不少。比如，提高情绪敏感度，提升语言表述力，准确描述各种情绪；或转换视角，从不同角度观察情绪……这些情绪调节法的确有效。然而，它们更像是止痛药，头痛医头，脚痛医脚，治标不治本。

有没有什么方法，从根本上减少我们的负面情绪呢？

2020年，我开始记录日志，主要记录一些与儿子相处时的趣事和温馨时刻。记录后，我会经常翻看。记录日志的初衷是留住回忆。但是，在记录中，我却收获了一个"副产品"。我发现对美好事情的深刻记忆，让我内心变得更平和，负面情绪明显减少。

过去的美好给我的内心注入了某种力量。在记录的过程中，我还改变了看事情时的视角，从习惯于盯着负面，到主动关注积极面。

这个经历让我意识到，与其想办法调整负面情绪，还不如关注积极体验，这样才能从根源上让我们变得更平和、更幸福。

不过，要把关注焦点从负面信息转移到正面信息上，并没那么容易。因为，人类的默认设定是更关注负面信息。

 ## 负面偏好

我们很喜欢关注当下生活中的各种负面信息。

而且，比起积极信息来，这些负面信息会给我们带来更持久、更强烈的影响。在大脑层面的表现，就是负面经历会被更持久地存储在大脑中。

据调查，在婚姻中，五个正面行为才能抵消一个负面行为给婚姻带来的不良影响。再比如，朋友总是对你很好，偶然一次，可能仅仅是这一次对你不太好。这次不好的经历反而会让你念念不忘。再举个例子，比方说你昨天丢了1万元，今天得到一笔2万元的奖金。后者带来的快乐，能不能抵消前者带来的痛苦呢？答案是不能。这就是"损失厌恶"，没人愿意失去，而"损失厌恶"正是基于人的负面偏好。

为什么我们会天然地更关注负面信息，并将其长久存储在大脑中呢？科学家认为，负面偏好是一种古老的生存机制。因为负面信息往往事关生存。在远古社会，人类的生存环境可以用危机重重来形容。猛兽经常会伺机而动，一不留神，人可能就会葬身于野兽之口。如果一个人对周边危险没有任何警觉性，大概率会被猛兽吃掉。最终，对危险比较敏锐的祖先活下来了，他们的基因因此被保留至今。

但古老的反应本能放到现代社会，就有点格格不入了。生存场景已经从危险状态切换到了安全状态，大脑却仍然用原来的机

制应对，这就导致我们经常反应过度。一点小小的坏事，也可能会念念不忘。

再进一步分析，为什么正面积极信息，我们比较容易忘记呢？这和大脑的适应机制有关。对于正面信息，我们最初也会体验到一份喜悦。但是，大脑很快就会对正面刺激产生免疫力。调查发现，一个人在中彩票后，不过几个月时间，当初从天而降的巨额财富已经无法再给这个人带来同样的快乐了。

分析到这里，我们就能明白为什么很多人经常情绪低落。客观来看，当然和发生的负面事件有关。更多的原因在于，负面事件远比积极事件带来的影响更持久。

可以想象一下，如果负面事情都牢牢存储在大脑里，我们有事没事就翻出来琢磨一番，痛苦何时才能结束？一个人如果总是更关注负面事件而忽略积极事件，生活就一定会被痛苦淹没。

所以，我们一定要从负面偏好中走出来，主动去关注积极体验，成为一个积极偏好者。

培养积极偏好

关注积极体验，能帮助我们获得内在力量。

假如把人比作一辆汽车，内在力量就类似于汽油。加油后，汽车才有力气行驶。油耗尽后，不管汽车各方面性能如何完好，也很难再次启动。

内在力量就是我们前行过程中不可缺少的能量源泉。神经心理学家里克·汉森认为，内在力量是生活美满、行动高效以及为他人做出贡献的持久源泉。缺乏内在力量，我们的生活将无法正常进行。而拥有内在力量，不管遇到多大的坎儿，我们都能迈过去。

里克·汉森提到自己的一位朋友，在她的伴侣离世后，最初一段时间里她悲痛欲绝。后来，她开始主动关注积极事件，并把好的体验内化到心里。渐渐地，这些积极体验为她提供了越来越多的内在能量。几个月后，她便从痛苦绝望的情绪中走出来了，而且充满热情与活力。

为什么重视积极体验能为我们积蓄内在力量？

下意识地关注负面事件，会让我们跌入负面循环之中。关注负面事件，大脑对负面事件的敏感度会提高；敏感度提升后，大脑对负面事件会给予更多的关注。焦虑、压力等负面情绪，也只会越来越多。接下来，大脑捕捉负面事件的能力会进一步升级。你看，这几乎是一个无法破解的负循环。更可怕的是，你可能对此毫不知情。

当我们更关注积极事件后，就会启动一个良性循环。第一次主动关注积极事件，需要消耗大量脑力资源才能完成，因为这不符合人类本能。之后的第二次，我们对积极事件的敏感度已提升，关注起来会更容易。接下来，开启正循环。我们越关注积极事件，就对积极事件越敏感；越敏感，就越能发现生活中的积极面。当你对积极事件的关注变为本能反应后，积极体验得来已全不费工夫。

负面事件带来的负面体验会消耗你的情绪能量。而积极体验则会提供能量，让你变得更加生机勃勃。

我们真的能消除对负面事件的本能关注吗？答案是肯定的。大脑遵循用进废退的法则。如果你经常使用某条神经回路，它就会越来越牢固。这就像我们走路，大家经常走的那条路，一定是平坦好走的。如果很长时间不走，这条路就会长满荒草，或者堆砌着石头。

我们每个人都是自己大脑的塑造者。每一次对正面事件的关注，都是一次神经的再塑造。

提升对积极体验的敏感度

培养积极偏好的第一步：提升对积极体验的敏感度。

大脑对负面体验的关注基于本能，而对大部分积极体验的关注，则需要刻意练习。否则，很多积极体验会转瞬即逝，你根本无法捕捉得到。

人生大事发生时的积极体验，这是我们每个人都会关注的。结婚、入职、升职、获得某种成就、孩子出生、入住新房等，这些都属于人生中的大事件。这些大事件发生时，往往会伴随着强烈的积极体验。又因为其很少发生，我们还没有产生刺激适应，所以很容易就可以觉察到。

还有一类典型的积极体验，我们也容易觉察到。比如，享用美食时的满足感、摆脱压力时的轻松感、运动时的愉悦感。

有一些积极体验，既不属于典型体验，发生时也不够强烈，且我们还习以为常，早已产生了刺激适应。这类型的体验很容易被我们彻底忽视。比如，观察一朵花时内心的喜悦感，朋友对你微笑时的快乐感，孩子向你跑来时的幸福感，闻到某种香味时的心动感等等。这种细微的积极体验可能每天都在发生，只不过我们没有给予太多关注。

如何提升对积极体验的敏感度？我们可以利用，甚至主动制造一些小改变。小改变发生，我们被迫远离惯性状态下的生活，再次回归时，我们会产生非常鲜明的感受。

举个例子，比如，我下班回家，儿子会扑过来喊妈妈。这是每周都在重复经历的积极体验。因为发生频率高，我已经习以为常，失去了敏感度。有一次，我出差时间创纪录，一周多后才回到家。进门那一刻，儿子扑过来喊妈妈，我的幸福感特别强烈。生活中的小改变，会让习以为常的情景变得生动鲜明，让你重新感受自己。

另外，你可以经常记录自己的积极体验，尤其要注意那些容易被忽略的细微体验。当你在记录时，很容易启动旁观者视角，观察自己的生活，回想哪些事情值得记录。最开始，你可以每天记录，有时似乎一整天都平平无奇，但是为了完成记录，你必须刻意挖掘到底有什么样的积极体验。在挖掘中，你就会发现被自己忽视的很多微小体验。

其实，只要你每天记录，就是在带着目标观察生活。提前设定好的目标，会让你的观察力变得更敏锐。我之前在记录时，发现自己竟然在每次洗干净手时，有一种小小的成就感，感觉用自己的力量赶走了细菌、病毒。假如没有设定目标，我洗完手肯定不会注意自己内心有什么样的感受。

对已经存在的积极体验，我们需要提升敏感度，去感受这些无处不在的积极体验。

主动创造积极体验

培养积极偏好的第二步：主动创造积极体验。

我们不能只是被动等待积极体验出现，而是要学会主动制造积极体验。

生活中，一定会发生负面事件。如果我们不主动调整，负面事件就一定会带来负面体验。如何把负面体验转变为积极体验？在负面事件发生后，你可以先把所有能想到的消极结果都写下来。接着，每条消极结果后面都写一条对应的积极结果。另外还要注意，我们所写的积极结果的数量最好多于消极结果。

2020年，我在迷茫期时就使用了这种方法，效果显著。

我先写了处于迷茫期的四个消极结果：

①每天精力较差；

②专注力下降；

③做事效率降低，难以达成目标；

④比较抑郁，缺乏热情。

写完后，我又写了对应的五个积极结果：

①精力比较差，提醒我应该注重身体锻炼，这是一个重要的信号；

②我需要想办法提升专注力，可以看一下相关书籍进行科学训练，从而提高专注力；

③这也是一个重要信号，提醒我更加注重制定目标和实现目标的方法；

④迷茫是暂时的，真实的情况更可能是，迷茫期有助于我找到下一步的方向。如果没有此次的迷茫，我可能很难实现进一步的提升、发展；

⑤迷茫期的这段思考、走出迷茫期的方法，我可以写出来，帮助其他处于迷茫阶段的人找到出口。

当我写下消极结果，并写出积极结果，答案已跃然而出。这段迷茫期带给我的收益远远大于损失。迷茫期的意义已经很明确：它会指引我进入下一个新的人生阶段，还能让我有机会帮助更多的人。

至此，我完成了从负面体验到积极体验的转变。

主动创造积极体验，甚至把消极体验转变为积极体验，才能真正变被动为主动，成为自己体验的掌控者。

内化积极体验

培养积极偏好的第三步：内化积极体验。

提升对积极体验的敏感度,以及学会主动创造积极体验后,我们还需要学会内化积极体验。完成内化,这些积极体验才能真正存放到我们记忆当中,成为内在力量的源泉。

如何内化这些积极体验?我来分享两种方法。

第一种方法:享受积极体验。

积极体验发生后,此时此刻,我们要让自己好好享受这种感觉。但是,我们习惯性的做法是发生后根本不会过多关注,直接让体验从身上划过去。

现在,你要学着留出时间来关注这种体验。里克·汉森建议,当积极体验发生后,至少要花5—10秒时间持续关注。你可以试着在大脑中构建一幅画面,将这种体验呈现出来。比如,闻到某种令人心动的香味后,可以在大脑里勾勒这种香味有可能是什么颜色,带给你的具体感觉是甜美、宁静,还是活泼、阳光,像哪一种花,玫瑰、牡丹还是其他?画面中,可以加入你想象中的花。

画面的想象没有固定格式,核心目标在于,通过想象延长积极体验的停留时间,从而改变大脑的神经结构。

如果你觉得想象画面是一件麻烦事,也可以换一种简单方式。比如,试着描述出具体感觉,然后与家人、朋友分享。

第二种方法:对积极体验进行深度加工。

你可以以某种积极体验为主题,创作一篇文章,或长或短。短则几百字,长则数千字。在创作文章的过程中,你会自然而然地对积极体验进行深度加工。你需要具体描述这种积极体验是什么，为什么会产生这种积极体验，以及如何让这种积极体验再次发生。

举个具体的例子，对同事表达感恩之心后你感觉很幸福。你可以把这种幸福感进行更加具体的描述：激动、感动，以及和同事关系更进一步的喜悦感等。为什么会产生这些积极体验？查找资料后，你对此有了更深入的理解。原来，感恩之心是幸福的"强心剂"。只要坚持一个星期做感恩练习，我们就可以提升自己的幸福感。接下来，你可以定期对朋友、同事、家人进行"感恩拜访"，让"感恩拜访"变成你日程里的一个固定事项。

通过深度加工，这次的积极体验会在你的记忆里变得更加深刻。而不会像之前一样，发生后便消失了，没有留下什么痕迹。

只要你愿意给积极体验留出时间，它们就会自然生长。如果能主动沉浸式享受，或者进行深度加工，积极体验就会变得更强烈、更持久。我们会被这种美好的感觉包裹其中。

经常进行这两种练习，你对积极体验的关注也会越来越自动化。积极偏好会真正刻印在大脑里，成为你的潜意识。

大脑天生喜欢关注负面信息。这是一种原始的生存机制。在过去，这是解决问题的有效方案。而现在，则为我们带来了不少麻烦。如果只任凭本能反应筛选信息，我们就会陷入不可遏制的负面循环中。这会导致我们更容易焦虑、抑郁，情绪能量经常处于耗竭状态。没有能量，我们根本没办法持续进行科学的时间管理，甚至都无法持续前行。

幸好，我们有办法扭转这种负面偏好。大脑具有极强的可塑性。我们的关注焦点、我们的思维方式，都在一次又一次地塑造着自己的神经回路。

当我们刻意关注积极体验后，大脑会对积极体验越来越敏感。我们的记忆中也会存放越来越多的美好体验。自此，你拥有了"取之不尽，用之不竭"的能量池，狂风暴雨亦无法阻挡你前行的脚步。

后　记

　　这本书的出版前后历时三年,曾因疫情耽搁,后又再次启动。感谢一直陪伴着我的朋友们,感谢亲仁老师、魔极光、豆豆龙、晔子、一页书、山奈、田小鸟、路灿灿对书稿的反馈和校订。希望更多的人可以通过这本书成为时间的挚友。

　　前路漫漫亦灿灿,致敬每一个奔跑在路上的平凡英雄。